MANUEL

DE FILATURE

II

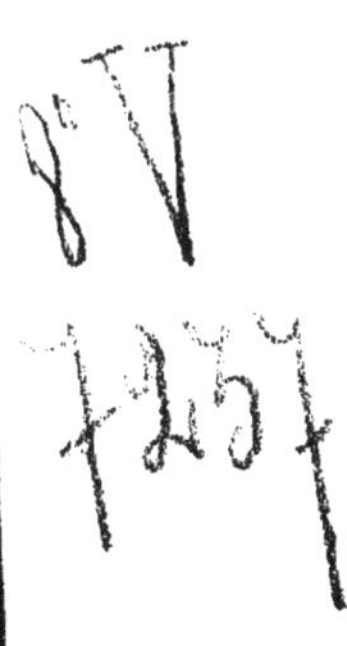

BIBLIOTHÈQUE DES ACTUALITÉS INDUSTRIELLES. N° 127

MANUEL DE FILATURE

DEUXIÈME PARTIE

CULTURE, ROUISSAGE, TEILLAGE, BROYAGE

ET

FILATURE DU LIN

PAR

JAMES DANTZER

Ingénieur-Conseil
Expert près les Tribunaux
Professeur de Filature et de Tissage à l'Institut Industriel
du Nord de la France
Professeur à l'École Supérieure du Commerce de Lille
et à l'École Nationale des Arts Industriels de Roubaix

(Figures 91 à 141)

PARIS
Librairie Bernard TIGNOL
PUBLICATIONS DE LA
LIBRAIRIE de L'ÉCOLE CENTRALE des ARTS et MANUFACTURES
53 *bis*, Quai des Grands-Augustins, 53 *bis*

CHAPITRE PREMIER

LE LIN

Généralités, culture, récolte, rouissage, teillage, broyage.

Le lin est une plante annuelle, cultivée principalement pour sa tige qui contient une matière textile de première importance, avec laquelle on produit le fil à coudre, la toile, les damassés, les batistes, la dentelle, etc. Ce précieux végétal croît sous tous les climats tempérés ; sa culture et son emploi se sont généralisés dans presque toute l'Europe, notamment dans la Russie méridionale, en Belgique, en Allemagne, en Bohême, en Irlande, en Italie, en France, et en Hollande.

Cette plante à tige grêle, creuse, cylindrique et droite, s'élève jusqu'à 1 mètre, et quelquefois n'atteint que 0 m. 50 de hauteur. Les feuilles pointues, étroites et allongées, sont placées alternativement le long de la tige ; les fleurs à 5 pétales sont portées à l'extrémité des rameaux, et épanouissent en juin et juillet : elles sont d'un joli bleu clair violacé ; elles sont remplacées par un fruit de la grosseur d'un pois chiche, se terminant en pointe à la partie supérieure ; cette capsule est divisée en 5 lobes, subdivisés eux-mêmes intérieurement en

10 logettes dont chacune renferme une semence ou graine brune, brillante, et généralement allongée et aplatie, appelée graine de lin. Nous représentons, fig. 91, en types bien réussis, le lin en graines, le lin fleuri, le lin branchu, et la capsule contenant la graine.

Le lin sec contient ordinairement de 70 à 73 0/0 de fibres, et de 27 à 30 0/0 d'écorce.

Dans l'écorce il a été trouvé sur 100 parties :

Matières fibreuses pures. . . .	58 parties.
— solubles dans l'eau . .	25 —
— insolubles	17 —

Les matières insolubles dans l'eau sont séparées par l'action des alcalis et du savon.

Sur 100 parties le bois contient :

Lignites	69 parties.
Matières solubles dans l'eau. . .	12 —
— insolubles — . . .	9 —

L'analyse chimique du lin, les tiges étant desséchées à 100°, a donné à Sir Robert Kane les résultats suivants :

Carbone. . . .	38,72 0/0	Chaux	0,61 0/0
Hydrogène. . .	7,33	Magnésie . . .	0,39
Oxygène . . .	48,39	Potasse. . . .	0,49
Azote	0,56	Soude	0,40
Acide carbonique.	0,85	Silice	1,07
— sulfurique .	0,13	Fer et alumine .	0,30
Phosphate . . .	0,54	Total . . .	99,99
Chlore	0,12		

Le même chimiste donne l'analyse suivante des cendres du lin avec sa graine :

Potasse	11,78 0/0
Soude	11,82

Chaux	14,85 0/0
Magnésie.	9,38
Alumine et oxyde de fer	7,32
Acide phosphorique	13,65
— sulfurique	3,19
Chlore	2,90
Silice.	25,71
Total	100

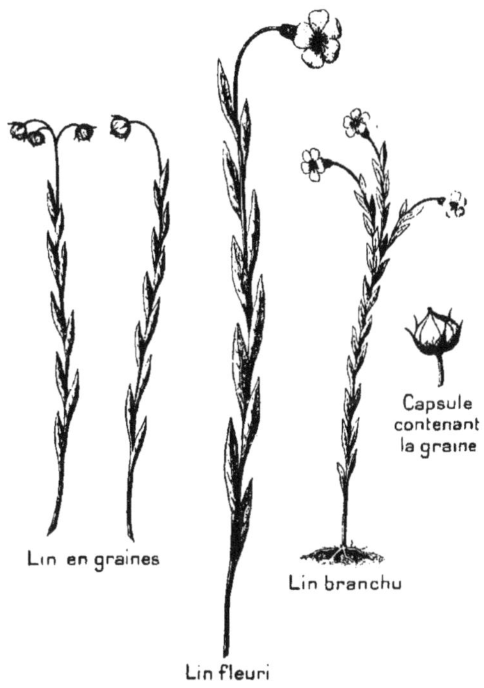

Fig. 91.

Le lin peut se cultiver, croître et réussir dans les terrains les plus variés, à condition qu'ils soient suffisamment profonds et humides, et qu'ils aient été bien préparés et amendés par des engrais puissants convenablement appropriés. C'est dans les sols riches, humides et meubles, principalement dans les terrains où le sable et l'argile ne se trouvent pas en abondance, que le lin peut produire des fibres fines, longues, soyeuses et résistantes.

Un terrain humide et gras produit des lins plus longs, mais de qualité moindre, et avec un rendement inférieur. Les terrains marneux produisent toujours un lin sec, de mauvaise qualité, et de peu de valeur.

Le lin épuise rapidement le sol où on le cultive, parce qu'il lui enlève certains éléments nourriciers qui sont nécessaires à sa constitution ; il n'est donc pas comme les céréales par exemple, qui restituent au sol par leurs racines, une bonne partie de ces éléments qu'elles lui ont enlevés. De là découle pour le cultivateur la nécessité de ne pas constamment cultiver du lin sur les mêmes terres, de façon à permettre à celles-ci de reconstituer leurs forces fertilisantes. On cultive le lin généralement après le chanvre, l'avoine, le trèfle, le blé, ou le seigle ; il est avantageux de ne faire cette culture que tous les 6 ou 7 ans.

La bonne graine de lin ne doit présenter aucune odeur de moisi ou d'acide ; elle doit être bien lisse et brillante, d'une teinte claire, et d'un volume uniforme, elle doit être assez lourde pour ne pas surnager sur l'eau, et assez riche en huile pour s'enflammer immédiatement en pétillant, si elle est jetée sur des charbons ardents. Il a été reconnu expérimentalement que pour donner d'excellents résultats, il faut environ 2 tonnes 1/2 de graine de tonne épurée par hectare, ou 260 à 275 litres de graine d'après tonne, suivant le sol. 1 hectolitre de graines de lin bien épurées doit peser au minimum 70 kilos.

Le lin usuel doit généralement être semé du 1er au 31 mars, ou dans les derniers jours de février, si le temps le permet ; 8 jours après, il lève, et 4 à 6 jours après, il atteint 5 centimètres de hauteur ; à ce moment on procède au sarclage qui a pour but d'arracher toutes les plantes étrangères qui croissent en même temps que le lin.

On considère qu'il faut un intervalle de 14 à 17 semaines entre l'ensemencement et la récolte. Le moment de l'arrachage est variable. Si l'on a semé en vue de produire de la graine, il faut attendre que la mâturité soit complète ; si au contraire on a semé en vue de produire de la bonne filasse, on attend seulement que les feuilles commencent à jaunir et à tomber ; il faut aussi que les fleurs tardives soient tombées, que les graines soient encore laiteuses, et enfin que le jaunissement inférieur des tiges ait gagné le tiers environ de la hauteur.

L'arrachage se fait à la main ; le lin arraché est ensuite séché : à cet effet, on le dresse en buttes formant des petits cônes, afin qu'il ne puisse s'altérer au contact de l'humidité du sol. La récolte une fois séchée est ensuite mise en grange ; on lui fait alors subir un certain nombre d'opérations avant de la livrer à l'industrie. Ce sont : 1° *le battage* ; 2° *le rouissage* ; 3° *le teillage*. Nous allons examiner ces préparations.

I. Battage

Le battage a pour but de séparer la graine et la menue paille des tiges de lin ; cette opération se fait à l'aide d'une batte avec laquelle on frappe à coups répétés sur les tiges.

La batte employée se compose généralement d'une masse de bois dur emmanchée à un manche recourbé ;

le dessous en est cannelé comme l'indique le dessin fig. 92.

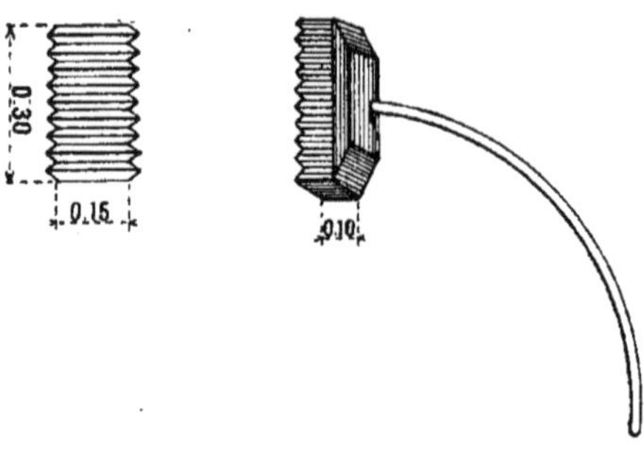

Fig. 92.

II. Rouissage

Le lin est alors classé suivant la longueur, l'épaisseur, la force, et la couleur des tiges. L'opération suivante du rouissage a pour but d'éliminer, de dissoudre ou détruire en partie les matières gommeuses et autres qui agglutinent les fibres entre elles et à l'écorce, de manière à désagréger, isoler, diviser les fibres qui constituent la filasse.

Plus le lin sera roui, plus la matière fibreuse se divisera, et plus abondant, fin, soyeux, sera le résultat obtenu au teillage et au peignage. Le rouissage exerce par conséquent une grande influence sur le rendement et la qualité du lin, et un lin excellent, bien récolté, peut perdre complètement toute valeur à cause d'un rouissage mal réussi.

A Epiderme.
B Tissu fondamental externe ou tissu conjonctif.
C Cellules libériennes d'origine primaire constituant la fibre textile.
D Cellules libériennes d'origine secondaire.
E Zône génératrice des tissus ligneux, et libérien d'origine secondaire.
F Bois secondaire. Vaisseaux ligneux.
G Bois primaire trachée ligneuse. Liber primaire interne.
H Tissu fondamental interne.
I Lacune centrale.

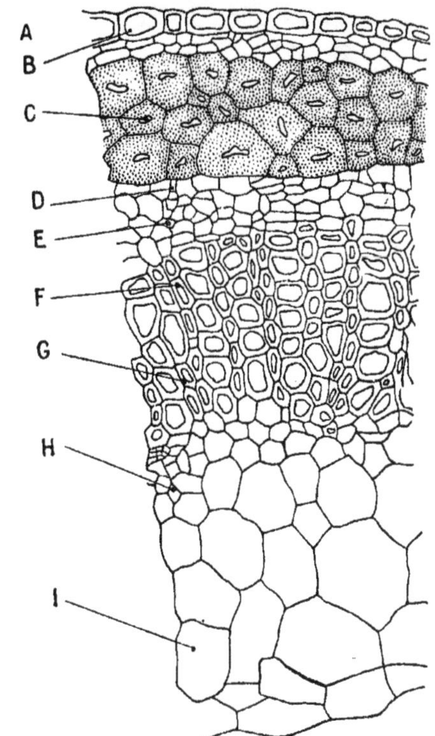

Lin avant rouissage.

Fig. 93. — Fuseau représentant la 40e partie de la section d'une tige de lin grossie 200 fois.

Le lin entièrement dégommé devient cassant et sans résistance. Ce n'est plus qu'une matière cotonneuse, sans consistance : il ne faut donc pas par le rouissage éliminer toutes les matières gommeuses, mais il faut simplement qu'elles se transforment et se combinent de façon à rendre les brins de lin plus indépendants les uns des autres.

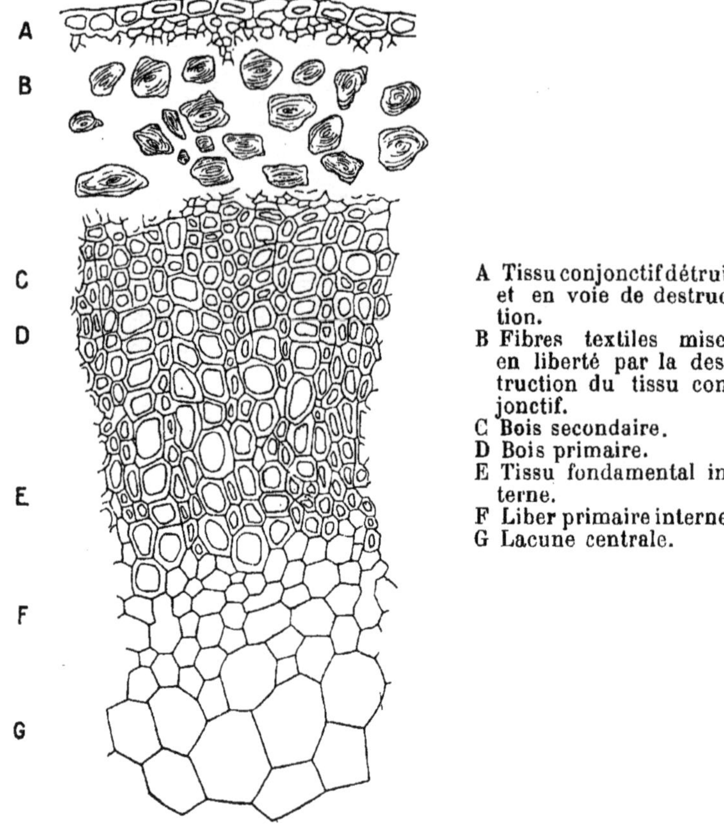

Lin après rouissage.

Fig. 94.

Le dessin fig. 93, qui représente la 40e partie de la section d'une tige de lin grossie 200 fois, permet de voir la place qu'occupe la fibre textile dans la tige ; en même temps, il est facile de voir comment toutes ces fibres textiles se trouvent soudées les unes aux autres.

La fig. 94 montre le même fragment de tige après rouissage ; cette fois, on peut voir que toutes les fibres textiles sont mises en liberté par suite de la destruction des matières gommeuses.

On peut rouir le lin par différents procédés :

1° *A l'eau stagnante* ; 2° *à l'eau courante* ; 3° *sur pré* ; 4° *sur pré et à l'eau* alternativement, système dit *rouissage mixte*.

1° Le système à l'eau stagnante consiste à mettre le lin en bottes dans des trous appelés *routoirs*, où on le laisse de 10 à 12 jours dans de l'eau qui ne se renouvelle pas. On emploie cette méthode en Belgique et en Hollande sur une vaste échelle ; le lin roui par ce procédé doit être surveillé d'une façon très active.

2° Le rouissage à l'eau courante se fait en plaçant les bottes de lin dans de grandes caisses de 3 mètres à 4 m. 50 de longueur sur 4 à 5 mètres de largeur, nommées *ballons*, que l'on place sur le bord des cours d'eaux, dans une prairie de grandeur proportionnée à l'importance des ballons que l'on veut mettre à l'eau. Le rouissage dure de 5 à 10 jours suivant le temps. On emploie ce système en Belgique, en France, en Irlande, dans certaines parties de l'Allemagne et de la Russie ; c'est celui qui a toujours donné les meilleurs résultats.

3° Le rouissage sur pré ou à la rosée se pratique en Belgique, dans le pays Wallon, et en France dans l'ancienne Picardie, dans certaines parties du Nord, de la Mayenne, de la Normandie, etc. Il dure de 4 à 6 semaines. C'est purement et simplement une dissolution et la transformation d'une partie des gommes du lin par l'eau du ciel ou la rosée. La fermentation qui se produit est lente et mal conduite.

4° Le rouissage mixte dure de 8 à 10 jours et se pratique dans le pays de Bergues, ainsi que dans certaines parties de la Hollande.

En résumé, le rouissage à l'eau courante est le meilleur ; il donne une filasse forte, plus résistante, plus propre aux tissus les plus fins que tout autre système. Il donne un peu moins de rendement, mais cette différence est compensée par la plus-value obtenue à la vente. On doit employer cette méthode toutes les fois que l'on peut.

Le rouissage à l'eau stagnante fournit un lin plus doux, plus moëlleux que le précédent, se filant plus facilement, mais le fil produit est beaucoup moins fort et moins résistant ; il blanchit bien. Le rendement en fibres est supérieur au système précédent, mais par contre le rendement en fil et en étoffe blanchie est inférieur.

Le rouissage sur pré donne un lin imparfaitement roui, de couleur inégale ; il prend beaucoup plus de finesse au blanchiement. Le rendement en lin teillé est plus important que par tout autre système : malheureusement, au blanchiement, il y a 25 0/0 de perte. Cependant, la filature a besoin de lin roui par ce moyen, afin de modifier par leur mélange avec certains lins rouis à l'eau, la nature, ou plutôt, la dureté de ces derniers.

De nombreux essais de rouissage mécanique et de rouissage chimique ont été faits, depuis le commencement de ce siècle ; on a expérimenté successivement l'action de l'eau chaude ou froide, tombant d'une certaine hauteur, l'enfouissement des tiges, l'arrosage ou la mise en tas des tiges, pour les rouir par fermentation, puis enfin le traitement des pailles à chaud ou à froid soit par un alcali, soit par un acide.

A l'heure actuelle, on expérimente un nouveau procédé dû à MM. Doumer et de Swarte ; ils sont partis de cette idée que le meilleur rouissage doit s'obtenir en plaçant dans le milieu le plus favorable à leur développement, les ferments, causes du rouissage ; de plus, ils les font agir sur la plus grande partie possible de la matière à traiter, en les soustrayant aux influences extérieures jusqu'à séchage complet. L'opération se fait en vase clos, sous l'action combinée de la chaleur et du vide.

III. Teillage.

Quand le rouissage est terminé, on sèche le lin, et ensuite on le teille, c'est-à-dire que l'on brise l'axe ligneux de la tige, de façon à la séparer de la fibre proprement dite, en laissant cette dernière aussi intacte que possible ; pour cela, on commence par faire le broyage, dont le but est, en brisant la paille, de forcer celle-ci à se détacher plus facilement. A cet effet, on se sert d'une machine appelée *broie*, où l'on place le lin en paille, et représentée à la fig. 95. Le lin est placé sur la table B et

Fig. 95.

dans le sens de sa largeur ; puis on abaisse le couvercle A, non d'une manière brusque, ce qui couperait les tiges, mais assez fortement pour le broyer.

On remplace souvent le broyage par le maillage ou macquage. On se sert à cet effet de la batte, macque ou maillet, qui a été représentée fig. 92 ; elle sert à frapper directement le lin, à la façon d'un fléau pour le blé. Cet appareil produit de bons résultats : c'est le moyen le plus convenable pour effectuer le broyage.

Le macquage ou le broyage sont suivis de l'écanguage, opération qui se fait partout de la même façon ; l'instrument employé, seul diffère un peu suivant les pays. La fig. 96 représente la planche à écanguer ou espader, employée en Picardie. La fig. 97 représente la planche

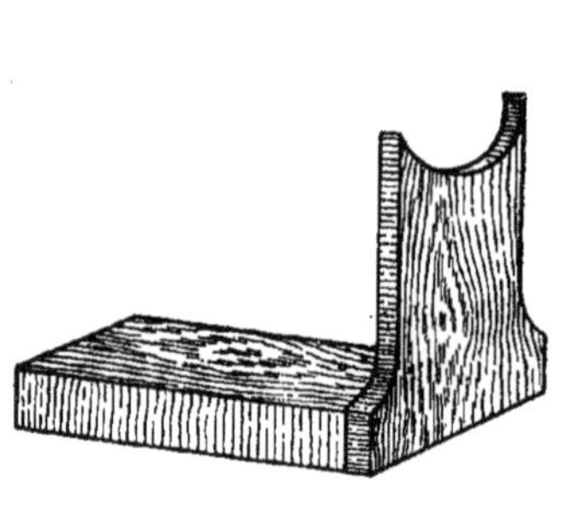

Fig. 96.

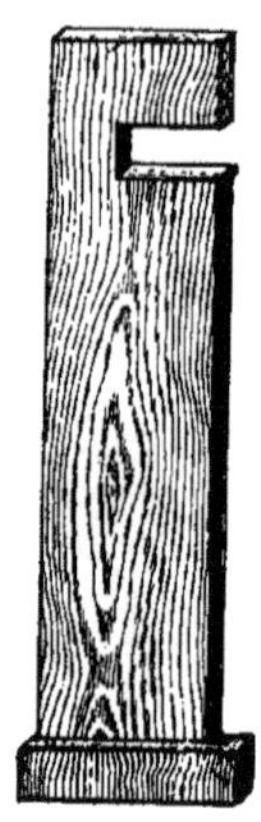

Fig. 97.

à écanguer, système du Nord, et qui est employée dans le Nord, en Belgique, en Hollande.

Pour écanguer le lin, il suffit d'en prendre une poignée dans la main gauche, puis de la froisser vivement pour dégager un peu la chênevotte et l'assouplir légèrement. Puis plaçant les tiges dans l'échancrure de la planche à écanguer, et les tenant fortement d'une main, on promène rapidement sur la partie qui pend en dehors, un instrument spécial en bois dur, appelé *écang*, *écouche*, ou *espadon*, qui a la forme d'un couteau à tranchant émoussé. On tourne et retourne le lin tant qu'il est nécessaire, et on attaque ensuite le côté opposé de la poignée. L'écang dont nous parlons varie de forme et de dimensions suivant les contrées. L'écang simple, fig. 98, est peu employé ; il consiste en un manche relié au couteau par des chevilles de bois. L'écang picard, représenté fig. 99, est le plus usité ; il diffère du précédent

Fig. 98.

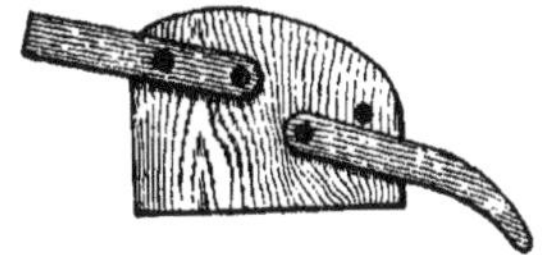

Fig. 99.

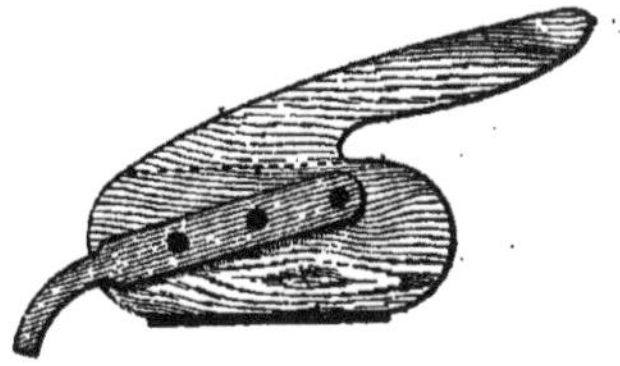

Fig. 100.

par l'adjonction d'une lame mobile et parallèle au manche, retenue du même côté, et qui permet de doubler la force du coup d'écanguage.

L'écang flamand, employé dans le Nord, est représenté fig. 100 ; il est formé d'un morceau de bois de noyer de 5 à 6 m/m d'épaisseur, pesant de 5 a 600 grammes, et ayant la forme d'un couperet. Il est muni par le haut d'une tête destinée à lui donner de la volée ; le manche est fixé sur le côté par des chevilles.

Une fois écangué, le lin ainsi débarrassé d'une partie de sa chênevotte est passé légèrement sur un peigne en bois doux, représenté fig. 101 ; il permet d'enlever la paille de la tête, où elle est toujours plus adhérente. Puis on revient à l'écang, et on peigne ensuite s'il est nécessaire jusqu'à ce que l'on ait obtenu la souplesse et la propreté convenables. C'est alors que l'on promène sur toute la longueur des fibres une sorte de couteau émoussé, dit *râcloir*, représenté fig. **102** ; il est nécessaire pour les filaments fins et forts, auxquels il donne

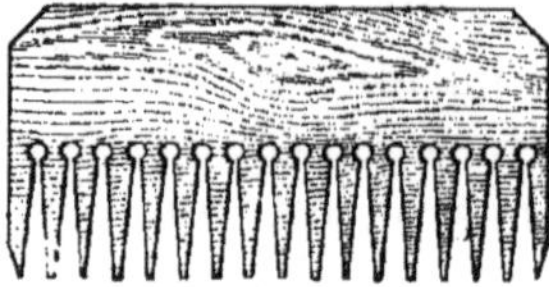

Fig. 101.

Fig. 102.

beaucoup plus de valeur. Ce dernier travail doit être proportionné à la nature du produit.

Dans les grandes exploitations, l'écang est souvent

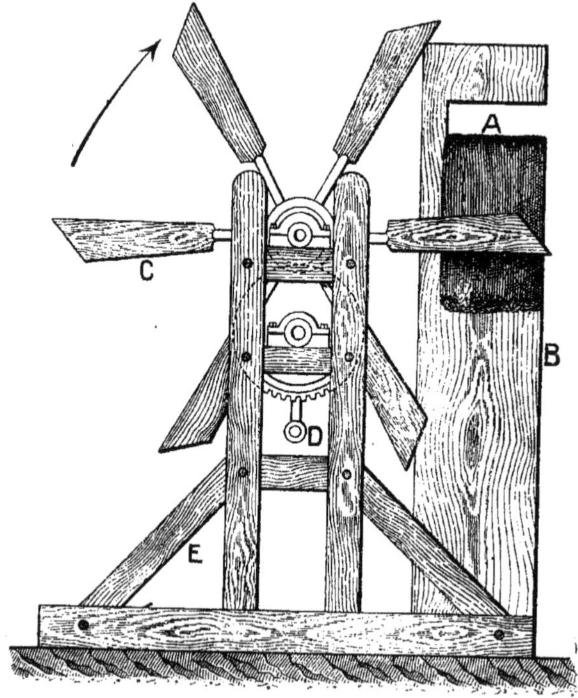

Fig. 103.

remplacé par un moulin à teiller du genre de celui représenté fig. **103.** Il se compose de plusieurs lattes en bois, mobiles autour d'un axe, que l'on peut faire tourner à volonté en agissant sur une manivelle ; le lin à traiter est disposé en A.

En Picardie, le maillet est souvent remplacé par des cylindres cannelés mûs par une manivelle. Les cinq instruments usités en Flandre, écang, planche à écanguer, maillet, peigne, et râcloir, ont toujours été regardés comme donnant les meilleurs résultats dans leteillage à la main.

Depuis quelques années, le teillage mécanique semble se substituer en France au teillage à la main. Le travail manuel cependant, ne peut s'éteindre ; certains lins de prix en effet ont les fibres trop délicates pour supporter quelque action mécanique, et les lins de qualité moyenne, teillés à la mécanique, ont toujours beaucoup plus d'apparence lorsque les extrémités ont été finies au moyen des outils flamands.

Dans cet ordre d'idées, le travail manuel et le travail mécanique sont deux industries qui peuvent marcher de pair, mais non se supplanter. Le teillage mécanique ne peut se faire qu'à façon : il nécessite un matériel assez complexe de broyeuses, d'égréneuses, de teilleuses, de secoueuses, d'étoupeuses, etc., dans le détail desquelles nous n'entrerons pas, notre but étant de donner le plus simplement possible l'idée des différentes manutentions.

Disons simplement que la majeure partie des appareils font le broyage par des cylindres cannelés ; le teillage est presque toujours produit par des lames montées sur des tambours ou sur des châssis.

CHAPITRE II

CLASSEMENT DES LINS

Les lins bruts perdent de leur souplesse lorsqu'ils subissent l'action prolongée de l'air ou de la sécheresse. Placés au contraire dans des magasins frais, mais non humides, les lins obtiennent de la souplesse et du nerf, et il leur est plus facile de supporter les opérations mécaniques qu'ils doivent subir en filature.

Nous allons examiner les lins de chaque contrée, en désignant leurs propriétés et leurs caractères distinctifs.

1° Lins de France.

1° Les lins de *Bergues* sont tous ceux récoltés dans l'arrondissement de Dunkerque ; ils sont souples, forts, un peu gras au toucher, de couleur gris-foncé. Leur rendement au peignage varie de 60 à 75 0/0 de brins ; ils donnent d'excellentes étoupes. L'évaporation de ces lins au peignage s'élève rarement au-delà de 3 0/0. Ils produisent de bons fils qui s'emploient souvent pour chaînes du numéro 20 au 50 ; leurs étoupes donnent des numéros 18 à 25. Les fils se blanchissent avec facilité, et prennent facilement toutes les nuances.

Les variétés de lins de Bergues les plus estimées sont les lins d'*Hondschoote*, puis ceux d'*Arnèke*, de *Cassel* ;

ces derniers sont souvent mal préparés. Les lins d'*Hazebrouck* rentrent dans la même catégorie ; ceux d'*Audruick*, qui sont plus forts mais moins bien travaillés, et ceux de *Bourbourg*, qui sont à peu près du même genre, rentrent encore dans la même catégorie. Tous sont traités par le rouissage mixte.

Parmi les lins rouis sur pré, et de vente courante dans le département du Nord, nous pouvons citer : les lins de *Lambersart*, *Sainghin*, rouis aux environs de Lille. Les lins d'*Ardres* sont généralement d'assez mauvaise qualité. Les lins d'*Harnes*, très forts, sont mal travaillés à la tête.

Parmi les lins rouis à l'eau stagnante, nous citerons : les lins de *Leforest*, de *Raimbeaucourt*, qui sont très fins et très bien travaillés.

Enfin, parmi les lins rouis à l'eau courante, les plus fins et les plus estimés sont :

1° Les lins de la *Lys*, dont la couleur varie du gris-verdâtre au blanc jaunâtre ; ils sont très estimés pour la fabrication des fils les plus fins et de qualité supérieure, allant des numéros 30 à 150 en chaîne, et pour trame ordinaire, les numéros les plus élevés. Ils rendent de 60 à 65 0/0 au peignage, et s'évaporent de 2 à 3 0/0. En mélange avec les lins de Lokeren ou de Gand, les avantages en sont plus grands qu'employés seuls.

2° Les lins de *Festubert*, sont jaunâtres et de qualité supérieure ; ils sont employés pour faire les fils à coudre, à cause de leur belle nuance.

3° Les lins de *Flines*, généralement blancs et très beaux sont également employés dans la fileterie supérieure, en mélange avec les lins de la Lys.

4° Les lins de *Wavrin*, de couleur blanche, sont moins réguliers que les précédents ; ils sont assez forts et recherchés dans la fabrication des chaînes de qualité supérieure.

5° Les lins de *Moy* diminuent chaque jour de valeur et disparaissent de plus en plus.

6° Les lins d'*Hasnon*, de qualité analogue à ceux de la Lys, sont moins bien soignés, et de couleur jaune irrégulière.

7° Les lins de *Cambrai, Saint-Amand, Marchiennes, Valenciennes*, et des bords de la *Scarpe*, sont blonds, brillants, soyeux, fins et tenaces ; ils servaient autrefois pour la dentelle.

8° Les lins de *Douai*, dans les qualités supérieures, se rouissent à l'eau courante, et dans les qualités inférieures, on les rouit sur terre. Leur couleur est gris sale prononcé ; ils se filent bien, et produisent des numéros 25 à 50 ; les étoupes donnent des numéros de 16 à 22. Leur rendement au peignage est de 50 à 52 0/0, avec 4 à 5 0/0 d'évaporation.

9° Les lins de *Beuvry* sont jaunâtres et se rapprochent beaucoup de ceux de Douai rouis à l'eau.

10° Les lins de l'*Oise* et de la *Marne* produisent des fibres assez favorables comme couleur, mais ces lins sont irréguliers et d'un travail négligé.

En Normandie, les principaux lins sont :

1° Les lins de *Bernay*, rouis à l'eau, très estimés ; ils ressemblent un peu à ceux de la Lys et à ceux de Wavrin, mais ils sont plus forts que ces derniers ; leur couleur est vert jaunâtre. Leur rendement en brins est de 60 0/0 ; ils produisent des fils estimés pour leur force, et avec laquelle on tisse la toile dite de Normandie. On peut faire avec, des fils de numéros 35 à 60, et avec les étoupes, des numéros 12 à 25. Ils se mélangent volontiers aux lins de Bergues, en produisant des fils d'un long usage.

2° Les lins du pays de *Caux* sont rouis sur terre, et viennent immédiatement après ceux de Bernay ; ils sont de couleur gris cendré et sont très doux, tendres, pailleux, un peu secs et cassants, mais surtout très divisibles ; ils sont excellents pour trame et demi-chaîne. Les étoupes sont fines et se filent très bien : mélangées à d'autres étoupes, elles produisent un bon fil. Ces matières se filent avec succès à sec.

3° *Coutances* et les environs fournissent assez abondamment des lins de couleur blanchâtre, assez forts, et connus sous le nom de lins d'hiver ; ils servent à confectionner des fils de gros numéros : ils sont en effet encore chargés et très irréguliers après le travail à la main.

En Picardie, on distingue :

1° Les lins de *Vimeux*, qui sont les meilleurs.

2° Les lins d'*Eu*, qui sont à peu près du même genre.

3° Les lins *picards proprement dits*, et qui sont rouis aux environs d'*Albert*, de *Doullens*, etc., qui sont moins estimés, mais généralement bien travaillés dans le pays. La plupart de ces lins conservent la couleur rousse des lins rouis sur pré ; quelquefois, on en trouve de couleur gris cendré qui sont de meilleure qualité.

Les lins de *Mayenne* se filent très facilement, leur nuance est favorable, leur travail est soigné ; ils s'emploient beaucoup pour fils de trame de numéros élevés. Les étoupes de ces lins sont très recherchées.

Les lins de *Bretagne* sont généralement mal rouis et mal écangués ; ils ont assez de force et une belle nuance, mais sont de médiocre qualité. Ils rendent de 45 à 55 0/0 au peignage. On distingue les lins gris et les lins jaunes ; ils sont quelquefois remplis d'ordures, de nuances très irrégulières, fort mêlées ensemble, et par suite, difficiles à peigner. Ces fils ne s'emploient guère qu'en mélange, afin de donner de la force et de la consistance au fil.

Les lins d'*Anjou* comprennent les lins d'été et les lins d'hiver. Les premiers, semés au printemps, sont blancs, souples, forts, mais en faible quantité. Les seconds, semés avant l'hiver, sont jaunes ou blancs, mais le pied est plus dur qu'à ceux d'été, ce qui les déprécie beaucoup ; ils sont assez recherchés pour mélanges. Les lins d'été rendent au peignage **50** à **60 0/0** de fibres, et **28** à **35 0/0** d'étoupes ; ils se filent assez bien au mouillé, du numéro **25** au **35**, et au sec, avec moins de facilité, du numéro **16** au **20** ; leurs étoupes se filent du numéro **6** au numéro **14**. Les lins d'hiver en première qualité rendent en moyenne au peignage de **60** à **65 0/0** de longs brins ; ils ne peuvent se filer mécaniquement avec avantage au-delà des numéros **20** à **22**, et les étoupes, au-delà de **12**. Les fils produits avec cette matière font de bonnes chaînes pour l'usage du ménage, et des trames pour toiles à voiles. Les qualités inférieures servent pour la corderie et les toiles à emballer. Enfin, l'évaporation au peignage est de **9** à **12 0/0**.

Les lins de *Vendée*, de couleur verdâtre, sont assez fins, mais mal travaillés à la tête.

Les lins du *Midi* sont mal teillés, de qualité ordinaire, et viennent peu dans le Nord.

Les lins d'*Algérie* sont très appréciés et donnent d'excellents produits susceptibles des applications les plus diverses ; ils prennent de plus en plus d'extension.

2° Lins de Belgique.

1° Les lins de *Courtrai* sont les meilleurs d'Europe, de couleur jaunâtre ; ils sont doux et soyeux.

2° Les lins d'*Ypres* sont fort doux au toucher, et donnent un excellent rendement au peignage ; ils sont rouis à l'eau stagnante. Ils se filent facilement au mouillé, et sont très recherchés des fabricants de toile cretonne.

3° Les lins de *Lokeren* sont de couleur gris argent

très éclatant et peuvent produire les numéros les plus fins.

4° Les lins de *Gand* et de *Wareghem* sont mal teillés ; au peignage, ils donnent un rendement très ordinaire, et en filature, ils s'évaporent beaucoup.

5° Les lins de *Bruges* sont très forts et d'un grand rendement.

6° Les lins de *Malines* sont moins forts, mais très fins et très estimés. Ils se mélangent souvent avec les lins de Gand ; ils servent à faire des trames de bonne qualité.

7° Les lins de *Wetteren*, beaucoup plus gros que ceux de Malines, sont aussi plus forts.

8° Les lins de *Liège* sont assez fins et bien travaillés.

9° Les lins de *Namur* sont toujours très chargés de la tête, et souvent fourrés.

10° Les lins de *Tournai* correspondent à ceux de Courtrai ; ils sont les mieux travaillés, et sont très forts.

11° Les lins d'*Ath* sont de bonne qualité, et généralement bien travaillés.

3° Lins de Hollande.

1° Les lins de *Frise* sont de couleur foncée, toujours très longs ; les uns ont une filasse dure et sèche qui les rend très difficiles à travailler ; les autres ont une fibre plus souple et de meilleure qualité. Ces lins s'emploient toujours en mélange, car ils sont réputés donner de la force au fil.

2° Les lins de *Zélande* sont un peu plus doux, mais d'un prix plus élevé que ceux de la Frise.

3° Les lins *bleus de Hollande* ont été recherchés depuis quelque temps. Ils donnent une belle nuance au fil et produisent des étoupes de qualité médiocre, quoique cependant bien demandées ; enfin, ils sont réguliers.

4° Lins de Russie.

On classe la Russie, au point de vue de la production linière, en trois grandes régions :

1° La région septentrionale.

2° La région occidentale.

3° La région méridionale.

1° *Dans la région septentrionale*, le gouvernement de *Wladimir* a comme pays principaux *Mélinka* et *Tominki*, qui expédient leurs lins sur les ports de la Baltique. Dans la même région, la province de *Kostroma*, dont les pays principaux sont : *Verechta*, *Kinexhma*, *et Plissy*, envoie ses lins vers *Riga* ou *Arkangel*. Enfin, le village de *Welkoie* envoie exclusivement ses produits aux filatures du gouvernement de *Yaroslaw* : on s'en sert pour fabriquer l'excellente toile russe qui porte le nom de toile de Yaroslaw.

2° *Dans la région occidentale*, dépourvue d'usines, tout le lin produit est dirigé vers les ports de *Pskow*, *Ostrow*, *Holm*, et *Petcholy*, compris sur le littoral entre *Riga* et *Saint-Pétersbourg*.

3° *Dans la région méridionale*, le lin n'est cultivé qu'au point de vue de la graine, par suite des sécheresses ; on n'y obtient qu'une filasse de qualité inférieure.

D'une manière générale, la Russie fournit de très bons lins, généralement de couleur jaune, mêlée de vert. Les plus communs sont jaunes roux ; ces lins sont sales, ils se filent bien et donnent de bonnes étoupes. Ils rendent au peignage de 45 à 50 0/0 en moyenne ; l'évaporation est d'environ 5 0/0, et en filature, de 4 à 5 0/0.

Les lins de Russie, mélangés convenablement avec des lins plus forts, produisent un fil très beau et nerveux ;

il en est de même de leurs étoupes, pour lesquelles le mélange est souvent nécessaire.

Actuellement, pour les lins de Russie, les ports d'expédition servent à désigner le genre de lin, et le plus souvent, le nom du marché désigne l'espèce du lin.

Les principaux ports d'expédition sont : *Riga*, *Perneau*, *Narva*, *Reval*, *Saint-Pétersbourg*, et aussi *Arkangel*.

Riga est le principal marché pour les lins. On classe actuellement ces lins en cinq catégories :

1° Les lins couronne ; 2° les lins wrack's ; 3° les lins dreibands ; 4° les lins de Livonie ; 5° les lins wrack-dreiband.

Le tableau ci-dessous représente les marques qui correspondent à chacune de ces catégories ; la lettre K représente la qualité la plus commune des lins couronne.

Lins couronne	Lins wracks	Lins dreibands	Lins de Livonie	Lins wrack-dreiband
K	W	Dreiband: D	Hoff de Livonie: HD	DW
HK	PW	PD	WHD	
GK	GPW		PHD	
WK	WPW	Slanetz dreiband: SD	WPHD	
PK		PSD	FPHD	
HPK			WFPHD	
GPK			SFPHD	
WPK			WSFPHD	
SPK			Dreiband de Livonie: LD	
HSPK			PLD	
GSPK				
WSKP				

Dans ce tableau :

La lettre K signifie (krown) couronne.

» P » (puick) choix.
» H » (hell) couleur claire.

La lettre G signifie (grau) grise.

» W » (weiss) blanche.
» F » (fein) fin.
» S » (slanetz) roui sur terre.
» D » (dreiband).
» L » (livonie),

Les marques de lins de *Perneau* sont également au nombre de cinq ; ceux-ci sont rouis à l'état vert, aussitôt après leur récolte.

Reval fournit également des lins rouis à l'état vert.

Saint-Pétersbourg est une des villes qui expédient le plus de lins à l'étranger ; ces lins sont de deux sortes :

1° Les lins rouis sur terre, appelés aussi lins bruns.

2° Les lins rouis à l'eau, dits lins blancs, et qui sont d'une nuance plus ou moins jaune.

Arkangel fournit des lins rouis sur terre ; ils sont d'un beau gris argenté, quelquefois roux, souvent un peu maigres, mais bien travaillés.

Remarque. — Extrait du savant rapport de M. Edmond Faucheur à l'occasion de l'exposition de 1900.

« Le lin français qui entrait il y a vingt ans pour la moitié dans la matière travaillée par les filatures n'y entre plus maintenant que pour un dixième. En 1899 la France a importé 70.464.660 kgr. de lin de Russie ; 3.294.559 de Belgique, et 1.227.540 des autres pays. D'autre part la production du lin français peut être évaluée à six ou huit millions de kilogrammes.

Telles sont les quantités qui sont mises à la disposition de la filature défalcation faite toutefois des exportations qui ne dépassent guère deux à trois millions de kilogrammes.

En 1900 on comptait en France 500.000 broches de filature c'est-à-dire le même chiffre qu'en 1858 mais la production actuelle de la broche est de beaucoup supérieure à ce qu'elle était en 1858.

A la même époque on estimait le matériel de tissage pour le lin en France à 22.000 métiers mécanique et 20.000 métiers à main.

CHAPITRE III

FILAGE DU LIN

La filature du lin emploie le lin sous deux états différents et distingue le lin long et le lin coupé en deux ou trois bouts, les procédés mécaniques employés pour transformer la matière textile en fil étant exactement les mêmes dans les deux cas nous les résumons dans le tableau suivant :

1° Peignage { à la main / ou à la mécanique.
2° Etalage sur la machine à étaler.
3° Plusieurs passages sur des machines dites bancs d'étirage.
4° Passage au banc-à-broches.
5° Filage { au sec / ou au mouillé.
6° Dévidage, formation des paquets.
7° Paquetage.
8° Emballage.

Le lin, comme nous le verrons, peut être coupé à l'aide d'une machine spéciale dite coupeuse immédiatement avant peignage ce qui constitue le lin coupé.

Peignage du lin.

De toutes les opérations qui précèdent le travail des matières textiles sur le métier à filer, la plus importante est sans contredit le peignage.

Lorsque les filaments arrivent des pays de production, les fibres qui les composent sont encore entourées d'ordures et de débris de toutes sortes et toujours quelque peu mêlées. Le peignage a pour but :

1° De *réduire les filaments à une finesse correspondante à celle des fils* qu'ils doivent produire ou tout au moins à celle des mèches de préparation nécessaires à leur formation.

2° De les *débarrasser de toutes les matières étrangères* qui y sont encore adhérentes tout en les redressant et en les parallélisant autant que possible.

Pour atteindre le premier but, c'est-à-dire atteindre la finesse des filaments du lin, on les refend dans le sens de leur longueur au moyen des aiguilles dont sont munies les peignes. En faisant ce travail une partie des filaments est arrachée hors de la masse et est entraînée par les peignes pour constituer ce que l'on appelle les *étoupes*.

Le second but, le nettoyage des filaments est produit d'une manière analogue par les aiguilles des peignes et il est complet pour les brins qui ont entièrement subi leur action.

D'une manière générale, en peignant :

1° On doit tendre à produire une division aussi grande que possible des filaments.

2° On doit conserver à ces filaments toute leur longueur et n'en détacher que le moins possible d'étoupes car les étoupes ne peuvent former d'aussi beaux fils et elles ont une valeur moindre que les brins d'où elles proviennent.

Plus on peigne le lin, plus ses filaments deviennent fins, mais aussi plus le rendement en lin peigné diminue, aussi ne doit-on peigner le lin que jusqu'à ce qu'il ait acquis un degré suffisant de finesse pour le numéro du fil qu'on veut produire. C'est à l'expérience, d'apprécier le degré de peignage qui convient pour telle qualité de lin.

Le peignage peut se faire à la main ou mécaniquement :

1° Peignage à la main

Le peignage à la main se fait sur une série de 3, 4, 5 peignes allant en augmentant de finesse, le plus gros, appelé dégrossisseur, a ses pointes très *fortes, longues* et *écartées*.

C'est par le côté des pieds que l'on commence toujours le peignage.

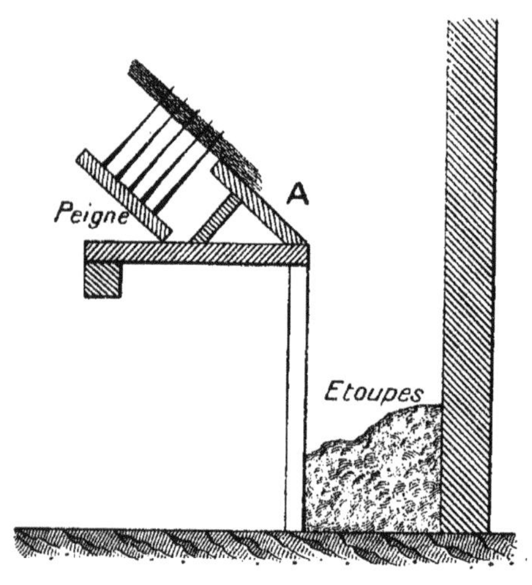

Fig. 104.

Les cordons de lin sont mis en paquets pour être ensuite taansportés au magasin de lin peigné. Quant aux fibres qui restent dans les peignes elles forment les étoupes que l'on jette à part pour chaque peigne dans des bacs placés derrière l'établi.

Si l'on veut obtenir de bons résultats au peignage, c'est-à-dire avoir un lin bien peigné et un rendement supérieur il faut opérer sur de faibles poignées à la fois. Pour les lins longs les poignées doivent peser 100 à 125 grammes, pour les lins coupés en deux elles doivent peser 65 à 70 grammes. Pour les lins coupés en 3 ou 4, les extrémités doivent peser environ 60 grammes et le milieu 40 à 50 grammes.

Ainsi que l'indique la fig. 104, le peigne est fixé sur un établi ou banc au moyen de deux boulons. Il est légèrement incliné d'avant en arrière, afin que les pointes mordent mieux au cordon. Une planchette A fixée derrière empêche le cordon de lin d'entrer trop profondément dans le peigne. Le peigneur enroule une des moitiés du cordon autour de la main droite, puis en guidant l'autre de la main gauche, il la tire graduellement à travers le peigne, en commençant par le bout, avançant à chaque coup de peigne d'une certaine quantité.

PEIGNES COMPOSANT UNE SÉRIE POUR PEIGNER DES LINS DEVANT PRODUIRE JUSQU'AU					
NUMÉROS DES FILS	PEIGNES DU NUMÉRO				
	1°	2°	3°	4°	5°
En lin long :					
20	Ruffer	14 à 18	60		
30	»	16 à 18	40	80	
50	»	18 à 20	40	120	
78	»	18 à 21	60	140	
En lin coupé :					
30	»	18 à 22	60	120	
50	»	20 à 25	60	160	
70	»	20 à 25	60	120	200
100	1/2 Ruffer	40	80	146-160	250
170	»	40	100	160	350
200	»	40	100	160	300

2° Peignage à la mécanique.

Un ouvrier appelé partageur commence par diviser le lin en *cordons* égaux dont la force varie avec la matière que l'on peigne et le peignage que l'on veut donner.

Un second ouvrier nommé émoucheur ou débloqueur passe ensuite l'extrémité de ces cordons sur des pointes fixées verticalement sur une planche qu'il a devant lui, et les débarrasse des plus fortes étoupes et des plus gros nœuds ; cette opération s'appelle le *débloquage* ou *émouchetage*.

Les machines employées à faire le peignage mécanique portent le nom de peigneuses. Toutes celles qui sont actuellement employées ne diffèrent les unes des autres que par des modifications de détail et peuvent se ramener à un type unique dans lequel on a cherché à reproduire le peignage à la main sur des pointes et son action progressive.

Les cordons de lin préparés, comme nous venons de le dire, sont placés dans des mordaches appelées presses S, fig. 105. Le lin bien étalé sur toute la largeur de la presse doit dépasser son bord inférieur d'un peu plus de la moitié de sa longueur. Les presses garnies du textile sont placées dans un couloir C appelé chariot ou balancier de la peigneuse ; ce couloir est suspendu par des courroies ou des chaînes à des poulies M calées sur un arbre N placé à la partie supérieure du bâti. Cet arbre N reçoit un mouvement alternatif de rotation dans un sens et dans l'autre par suite duquel le couloir C s'abaisse d'abord de C′ en C pour se relever ensuite.

Au dessous du couloir, les peignes sont disposés sur deux tabliers sans fin A et A′ placés l'un en face de l'autre et composés de lanières en cuir tendues L et F, L′ et F′. Les poulies inférieures F et F′ sont montées sur des arbres G et G′ animés d'un mouvement de rotation continu et entraînent les tabliers et les peignes comme l'in-

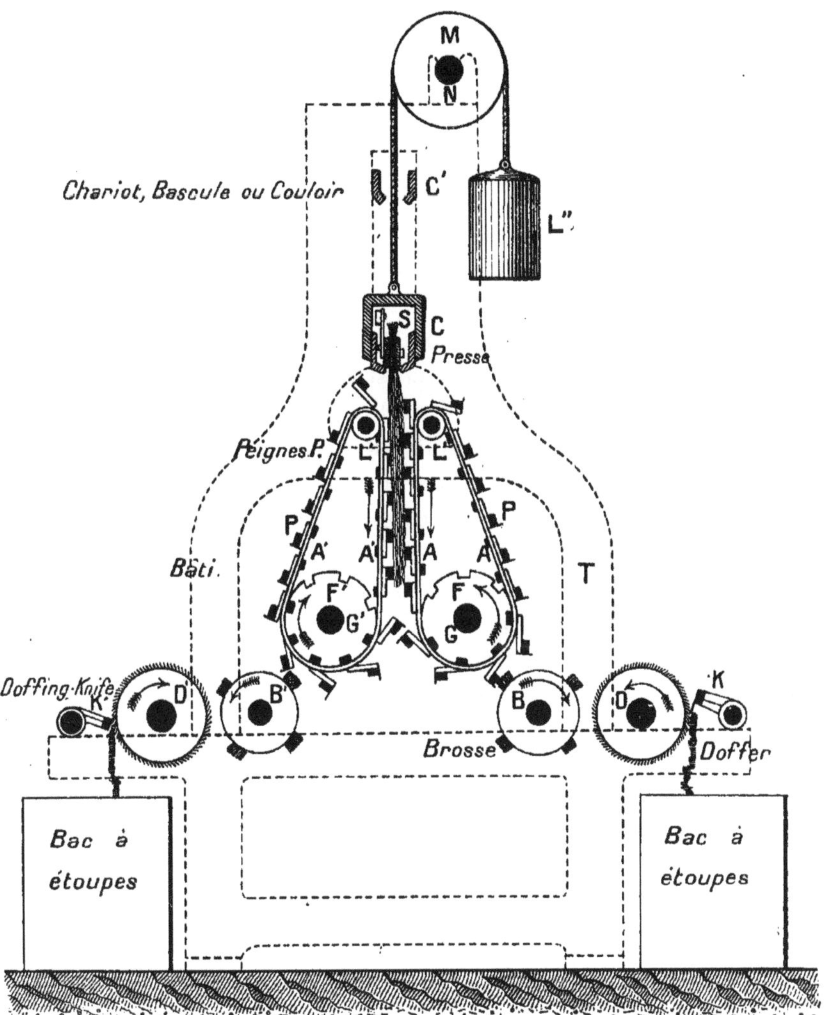

Fig. 105. — Peigneuse mécanique pour longs brins.

dique les flèches. Les peignes sont formés de règles dans

lesquelles sont fortement implantées des aiguilles en acier, fines et très pointues, plus ou moins espacées les unes des autres suivant la finesse qu'on veut leur donner.

Les tabliers sans fin doivent être écartés l'un de l'autre de telle façon que les pointes des aiguilles dépassent légèrement le plan vertical qui passe par le milieu des deux nappes parallèles, ce plan vertical doit passer en même temps par le milieu du couloir.

Les peignes doivent attaquer normalement les rubans et commencer le plus près possible des presses. Lorsque le couloir est en haut de sa course en C' les pointes des cordons de lin ne sont pas encore atteintes par les peignes, mais aussitôt que son mouvement de descente commence à se produire, le cordon s'engage entre les deux nappes sans fin et est attaqué par les peignes dont l'action se propage graduellement jusque tout prêt du bord de la presse, c'est-à-dire jusqu'au milieu de la longueur du cordon, à mesure que le couloir s'abaisse pour arriver au bas de sa course en C. On réalise bien ainsi le peignage progressif qui doit être la grande préoccupation de l'ouvrier peigneur à la main. Pendant le mouvement de montée du chariot, les peignes continuent à travailler les cordons depuis leur milieu jusqu'à leur pointe et les dégagent parfaitement de toutes les matières étrangères et des étoupes arrachées.

Mais cela ne suffit pas, il faut encore que l'action des peignes soit graduée, c'est-à-dire que le même cordon soit d'abord travaillé par un premier peigne à aiguilles très espacées, puis que graduellement il subisse l'action de peignes de plus en plus fins. C'est dans ce but que l'on augmente la longueur de la machine et que l'on dispose sur les tabliers sans fin, et les uns à la suite des autres, plusieurs séries de peignes dont les aiguilles deviennent de plus en plus serrées et plus fines de la première à la dernière, ainsi que l'indique la fig. **107**.

Il y a autant de peignes différents qu'il y a de presses sur la machine, chaque presse a donc la longueur d'un

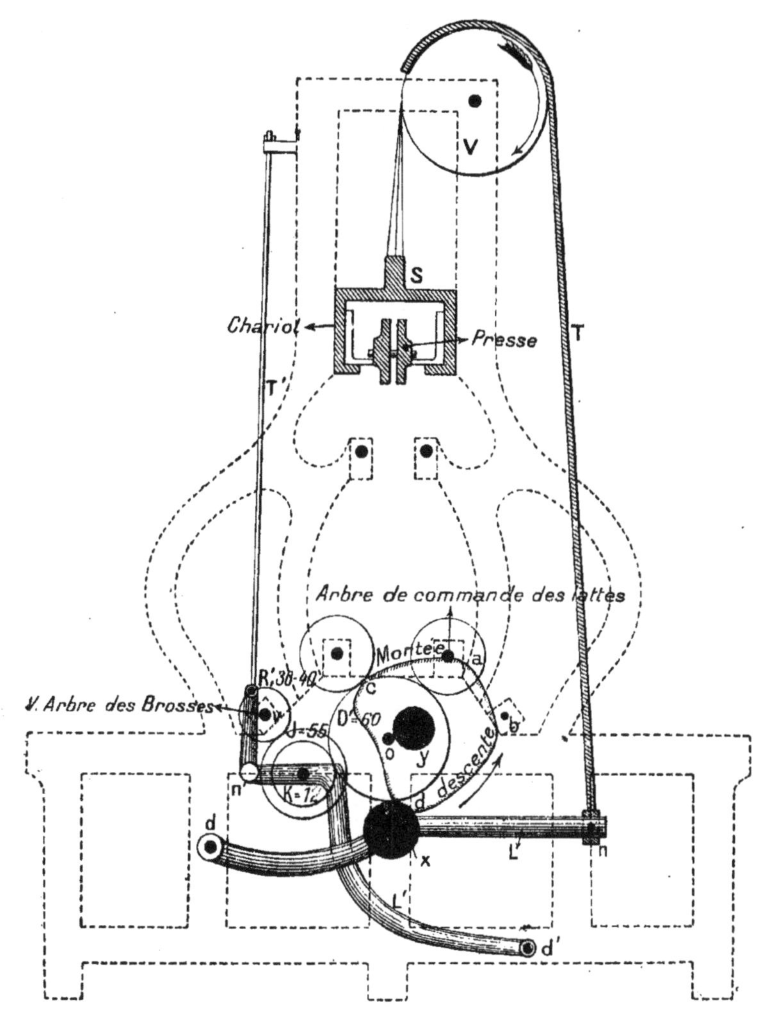

Fig. 106.

peigne. Chaque fois que le chariot arrive au haut de sa

course un appareil spécial tire-presses les saisit toutes et les fait avancer pour amener chacune d'elles devant la série suivante de peignes ; la première presse qui a passé au deuxième rang est remplacée par une nouvelle et la dernière est chassée hors de la machine. Le cordon chassé par une presse se trouve donc peigné sur la moitié de sa longueur après un premier passage de machine, il faut alors le retourner pour que la partie déjà travaillée soit prise dans la presse et que l'autre moitié en sorte et lui faire parcourir une deuxième fois le même trajet.

Généralement il y a deux machines pour faire ce peignage, l'une peigne une des extrémités et l'autre peigne l'opposé.

Les différents types de peigneuses dont nous ne décrirons pas l'agencement varient surtout dans la manière dont les peignes attaquent et travaillent les cordons, le débourrage des étoupes et les organes de commande qui leur sont particuliers.

Mouvement de monte et baisse du chariot.

L'arbre de l'une des brosses (fig. 106) porte à son autre extrémité un pignon de change R' commandant une roue J de 55 dents ; celle-ci est mariée à un pignon K de 12 dents qui commande une roue D' de 60 dents. L'arbre de cette roue D' porte un excentrique en cœur. Cet excentrique commande un galet *x* mobile autour d'un tourillon que porte un levier L tournant autour du point *d*.

A l'autre extrémité *n* de ce levier est articulée une tige solide T. Cette tige porte à sa partie supérieure une courroie qui après avoir passée sur la poulie V va se fixer en *S* à la mâchoire du chariot.

L'excentrique calé sur l'arbre O de la roue D' tourne dans le sens indiqué par la flèche. Nous l'avons représenté au moment où le chariot vient d'arriver au point le plus bas de sa course et où il doit rester un moment stationnaire. Le profil de l'excentrique est tel qu'entre les points *c* et *d*, il cesse d'être en contact avec le galet *x* et les points compris entre *c* et *a* s'éloignant du centre *o* l'excentrique force le galet à descendre et par suite fait tourner le levier L de haut en bas autour du point *d*. Le point *n* s'abaissant fait au moyen de la tige T tourner la poulie V dans le sens indiqué par la flèche. On voit qu'en conséquence la gouttière doit monter de la même quantité verticale que descend le point *n*. La position du point *n* sur le levier L est calculée de façon à ce qu'il décrive l'arc nécessaire pour produire la course que doit avoir le chariot suivant la longueur du lin que l'on travaille.

Depuis le point *a* jusqu'au point *b*, le profil de l'excentrique est circulaire ayant tous ses points à égale distance du point *o*. Donc pendant cet intervalle, le chariot qui est arrivé au haut de sa course reste stationnaire. C'est pendant cet arrêt que se produit l'avancement des presses.

A partir du point *b* jusqu'au point *d* les points de l'excentrique se rapprochent du centre *o*. Le galet *x* et par suite le point *n* remontent donc, permettant ainsi au chariot d'effectuer sa descente en vertu de son propre poids.

Arrivé en *d*, l'excentrique cesse de nouveau d'agir.

L'arbre qui porte la poulie V en porte une autre identique du côté de la commande. Le contre-poids qu'on y voit a pour but de maintenir la courroie tendue et d'équilibrer un peu le poids de la gouttière.

Les mâchoires porte-gouttière sont guidées latéralement par les faces du bâti faisant glissières, ainsi que par une tige traversant la partie supérieure du bâti.

Mouvement des presses pinçant le lin.

L'excentrique en cœur représenté sur la fig. 106 porte

un galet y, qui au moment où le point a de l'excentrique arrive en contact avec le galet x (c'est-à-dire quand la gouttière est arrivée en haut de sa course), vient butter contre un levier L' mobile autour du point d' et force son extrémité n' à s'abaisser. Au moyen d'un tirant T' le point n' fait tourner autour du point o', un levier à triple bras suivre (fig. 107). L'extrémité du 1er bras est articulée au tirant T', le second bras porte à son extrémité un gros poids Q, enfin le 3e bras est articulé à une bielle b articulée elle-même par son autre extrémité à

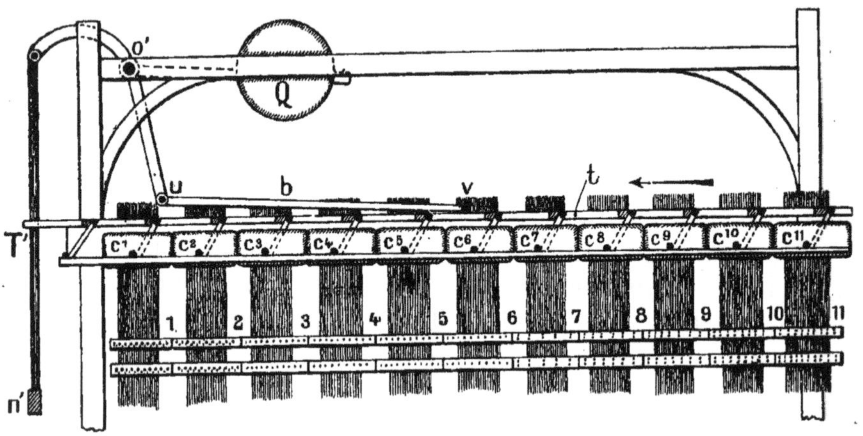

Fig. 107.

une tringle t. Celle-ci peut se mouvoir longitudinalement sur la face supérieure de l'une des parois de la gouttière où des guides la maintiennent. Elle porte autant de crochets c plus 1 qu'il y a de presses (ici 11). Ces crochets sont mobiles autour de leur extrémité supérieure de droite à gauche, mais non pas dans l'autre sens. Au repos ils sont en contact avec les écrous des presses comme le montre la figure 107 et reposent sur la partie inférieure de la gouttière.

Supposons que l'on fasse avancer la tringle *t*, de gauche à droite, d'une quantité égale à la longueur d'une presse. Chaque crochet s'avancera de la même quantité, allant se placer, après avoir glissé dessus, derrière l'écrou de la presse suivante. Si maintenant on ramène la tringle *t* à sa position primitive, les crochets au moyen des écrous contre lesquels ils buttent, entraîneront avec eux les presses et les feront avancer d'un rang vers la gauche.

Le dernier crochet de droite fera entrer dans la machine la presse introduite à l'extrémité droite de la gouttière, tandis que le premier crochet de gauche fera sortir une presse de la machine. Or c'est là le résultat que produit à chaque monte et baisse la disposition que nous venons de décrire.

Calcul des vitesses et développements d'une peigneuse.

La fig. 108 représente une épure donnant la commande des principaux organes d'une peigneuse et le tableau qui suit indique les principaux calculs qui ont été établis sur cette machine.

Calcul de la production d'une peigneuse.

Supposons, par exemple, la journée de travail de 11 heures et retranchons une heure pour les arrêts accidentels, le nombre de cordons de lin peignés par jour et pour 10 heures sera (10×60 minutes) :
$3{,}115 \times 10 \times 60 = 1.869$ cordons complètement peignés.

Si on suppose de plus que chaque cordon brut pèse

DÉSIGNATION des organes	NOMBRE de tours à la minute ou vitesse des organes	DÉVELOPPEMENT par minute des organes
Poulies motrices.	Vitesse : 50 tours.	
Tabliers ou tambour H.	$50 \times \frac{R}{H} = 50 \times \frac{24}{48} = 25$ tours.	
Brosses U.	$50 \times \frac{R}{U} = 50 \times \frac{24}{21} = 57$ tours 14.	— 312 m/m × 3,1416 × 57 t. 14 = 56 m.
Doffers F.	$50 \times \frac{R \times C \times E}{B \times D \times F} = \frac{50 \times 24 \times 35 \times 35}{60 \times 90 \times 100} = 2$ tours 70	— 217 m/m × 3,1416 × 2 t. 70 = 1 m. 840.
Peignes détacheurs.	= Vitesse des brosses puisque ce sont elles qui les actionnent : 57 tours 14.	
Excentrique en cœur.	= Vitesse des brosses ou 57 tours 14 × $\times \frac{R \times K}{J \times D} = 57$ t. 14 $\times \frac{30 \times 12}{50 \times 60} = 6$ t. 23.	

Nombre de presses qui passent par minute dans la machine :

Il en passe une par chaque mouvement de l'excentrique en cœur, mais chaque passage ne peigne que 1 bout des cordons. Le nombre des cordons peignés en une minute par une seule machine est donc égal à la moitié du nombre de tours de l'excentrique en cœur, c'est-à-dire

$$\frac{6 \text{ t. } 23}{2} = 3{,}115 \text{ presses.}$$

en moyenne **125** grammes, le poids total du lin brut travaillé sera :

$$1.869 \times 125 = 233 \text{ kg. } 62.$$

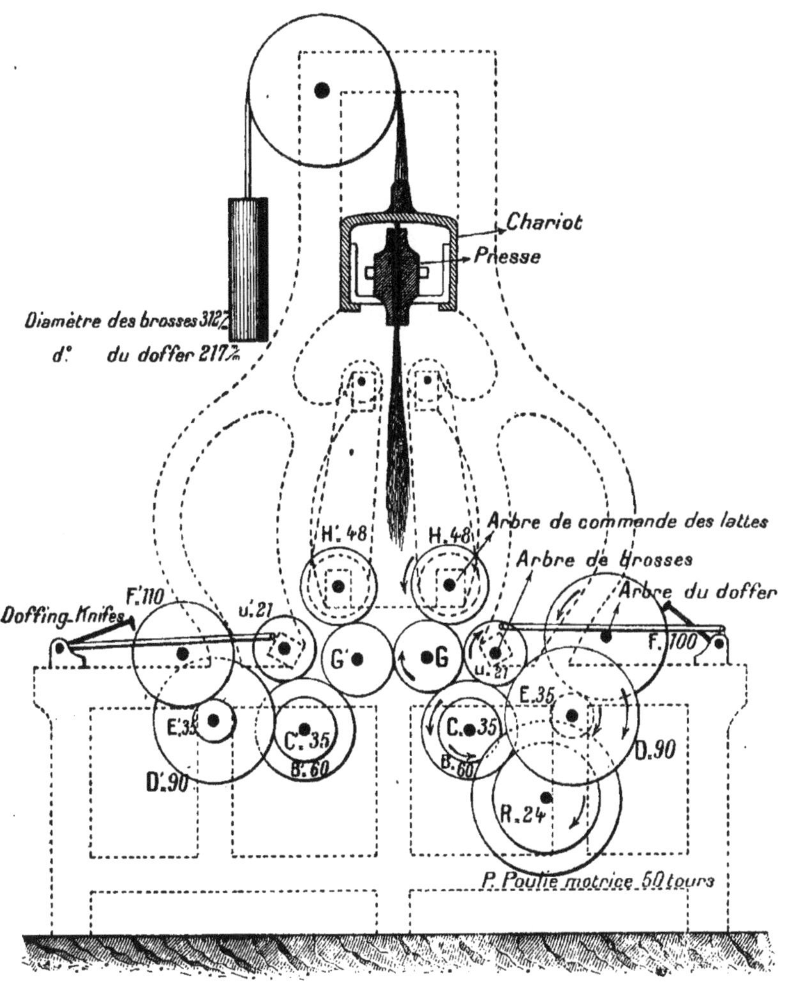

Fig. 108.

Le lin brut rendant, par exemple 75 0/0 de lin peigné, la production en lin peigné sera :

$$233 \text{ k. } 62 \times 0{,}75 = 180 \text{ kg. environ.}$$

On doublera ce poids si on travaille avec des machines jumelles.

Réglage des peigneuses suivant les lins travaillés.

Quand on travaille des *lins tendres* ou ceux d'un *prix élevé*, on obtient de bons résultats en ralentissant la vitesse des tabliers sans fin et en même temps celle du chariot. Dans ce cas la production de la peigneuse est réduite, mais la qualité du produit est beaucoup meilleure.

Au contraire si l'on a à travailler des lins de *bas prix* ou *résistants*, on pourra accélérer la marche des peigneuses.

Pour le travail des lins de qualité supérieure, on emploie généralement des peigneuses de 16, 18 ou 20 presses, et partant de 16, 18 ou 20 séries de peignes de grosseurs différentes attendu comme nous l'avons déjà fait remarquer que chaque presse correspond à une largeur de peignes, mais pour les lins ordinaires et moyens, on se contente de machines à 12 presses.

Les peigneuses à 12 presses qui marchent dans de bonnes conditions ont leurs tabliers sans fin qui font de 6 à 12 tours par minute et leur chariot qui fait 5 à 6, quelquefois 7 courses ; tout dépend du nombre de peignes ou lattes dont sont munis les tabliers peigneurs.

Les peignes sont munis d'aiguilles qui ont d'habitude 1 pouce 18 de hauteur et un diamètre qui diminue à mesure que le peigne augmente de finesse.

On indique la finesse d'un peigne par le nombre d'aiguilles qu'il porte dans chaque rangée d'aiguilles sur un pouce de longueur.

Lin coupé.

Nous venons d'étudier le lin qui se peigne dans toute sa longueur. Mais il arrive fréquemment que quand le

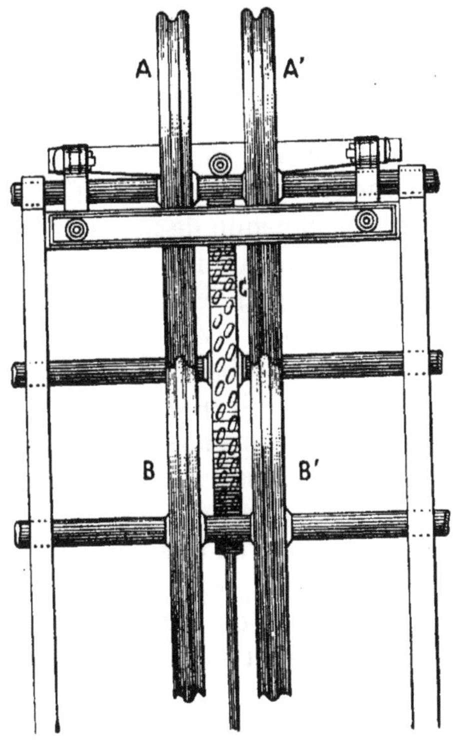

Fig. 109.

lin est très long, on le coupe en 2 et même 3 bouts. La matière se travaille plus facilement et le rendement au peignage est notablement plus grand. Cela se conçoit. En effet, si par exemple, on peigne un cordon d'un mètre de longueur, le peignage s'effectuant en 2 fois, chaque fois sur un bout d'un peu plus de la moitié, les fibres qui ont moins de longueur que cette moitié n'étant pas retenues par la main ou la presse, sont retenues par les peignes, et une grande partie passe dans les étoupes. Si, au contraire, le lin est coupé, les fibres sont mieux retenues, se peignent et augmentent d'autant le rendement.

Quand on coupe le lin en 3, on se propose encore un autre résultat; celui de séparer le cœur d'avec les pieds et les pointes. Avec le cœur on fait des fils supérieurs, avec les pieds et les pointes, deux autres qualités de fils. On sait que du côté des pieds les fibres sont toujours plus plates, plus rugueuses et moins faciles à raffiner. Du côté de la tête il y a souvent beaucoup de petits boutons dus aux petites branches et ramifications du lin à cette partie. Ces boutons pour certaines qualités du lin sont souvent très difficiles à enlever, même avec des peignes très fins. Quand ils restent dans le lin ils ont pour effet de produire un fil boutonneux. Quoi qu'il en soit, le lin doit être coupé de façon que les deux sections ne soient pas unies comme l'est par exemple, une brosse. La machine ou coupeuse employée à cet effet est des plus simples, celle représentée sur la fig. 109 consiste en une roue garnie de 3 rangées de dents à section elliptique placées en quinconce. Cette roue doit développer de 3.000 à 3.500 mètres par minute. En face d'elles sont placées deux paires de roues A et B avec gorges et superposées, agissant lentement avec une forte pression. Celles-ci doivent conduire chacune des poignées de lin brut qui leur sont présentées à la première qui les coupe.

La coupeuse ainsi constituée agit donc à la façon d'une scie, elle donne aux filaments la faculté de se diviser dans le travail de la filature.

On peut d'un lin coupé obtenir, avec les pieds et les têtes, un numéro de fil aussi fin, qu'avec le lin entier et les milieux de ces lins donneront un fil d'un numéro plus élevé et d'une qualité supérieure.

Il arrive souvent que d'un lin filé dans son entier donne avec peine des fils du n° **40** par exemple, tandis que ce lin coupé en **3** parties, les pieds produiront seuls des n^{os} **25** à **30** et plus, les têtes du n° **40** et les milieux des n^{os} **60** à **80** de qualité supérieure.

Dans d'autre cas si l'on mélange les pieds avec les têtes, on produira du n° **40** plus beau qu'un fil produit par les têtes ou les pieds séparément.

Le lin coupé aussitôt qu'il a été peigné subit les mêmes opérations que le lin long.

CHAPITRE IV

ÉTALAGE DU LIN

Les cordons ou poignées de lin provenant du peignage

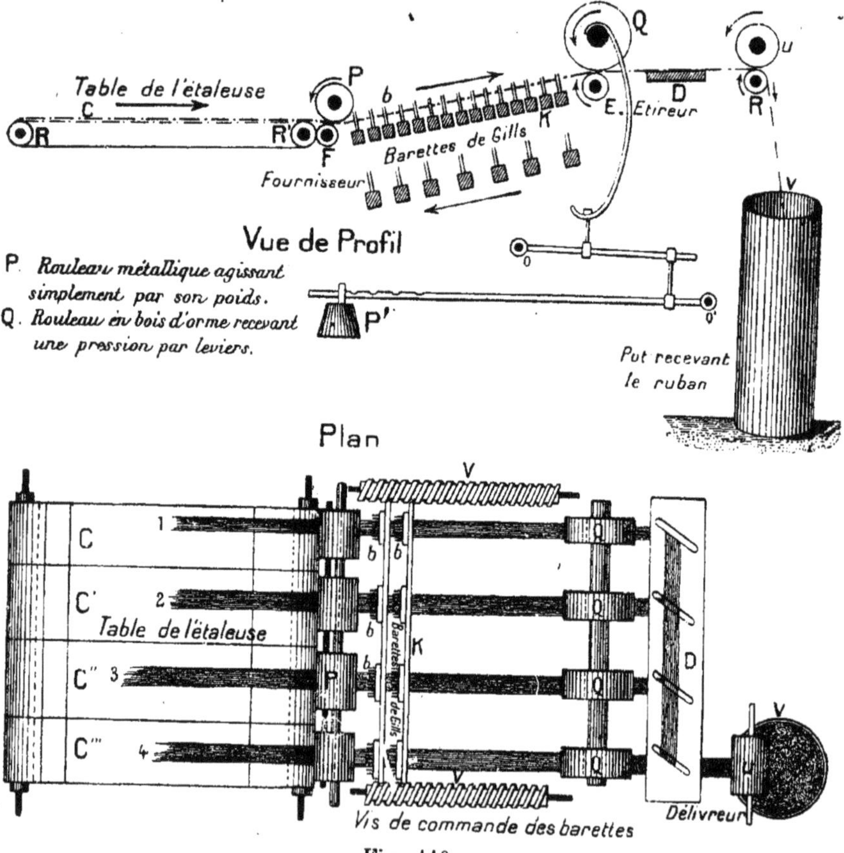

Fig. 110.

doivent être soudés entre eux de manière à former un

ruban continu, cette opération se fait sur une machine appelée *étaleuse*.

La figure 110 indique le profil et le plan d'une étaleuse qui permettent d'en comprendre le fonctionnement.

C, C′, C″ et C‴ sont des cuirs sans fin mûs par les rouleaux RR′ dans le sens indiqué par les flèches. Les cordons de lin sont étalés sur ces cuirs les uns en partie sur les autres de manière à former un cordon continu et aussi régulier que possible (La figure 111 montre com-

Fig. 111.

ment les cordons doivent se croiser). Ce cordon est entraîné par le cuir sans fin vers la machine où il s'engage d'abord entre une paire de rouleaux P et F appelés fournisseurs. Le rouleau F qui commande le rouleau P tourne autour d'un axe fixe ; le rouleau P agit par son poids sur le rouleau F obéissant ainsi en se soulevant ou en s'abaissant tant soit peu, aux irrégularités de grosseur du ruban de lin.

Au sortir de cette paire de rouleaux le ruban se trouve engagé dans des peignes ou gills qui portent des barettes *b* et qui viennent peigner le ruban d'équerre. Ces barettes se déplacent de gauche à droite par suite de la rotation de vis sans fin V entre les filets desquels leurs extrémités viennent se placer.

Ces extrémités sont taillées obliquement pour pouvoir s'engager dans les vis.

A l'extrémité de droite des vis, des cames calées sur celles-ci saisissent les barettes et les font tomber entre les filets d'une seconde paire de vis placées au-dessous des premières et qui tournent en sens inverse les ramènent à l'autre extrémité. Là des cames calées sur les vis inférieures saisissent de nouveau les barettes, les soulèvent et les placent de nouveau entre les vis supérieures.

La même chose se produit ainsi indéfiniment pour chacune des barettes (Voir fig. **112**).

Quand les barettes sont engagées dans les vis inférieures, elles ne travaillent pas ; il n'y a donc aucun inconvénient à les faire marcher plus vite. Aussi profite-t-on de cette circonstance pour doubler ou tripler le pas des vis inférieures. Cela permet de n'employer que la

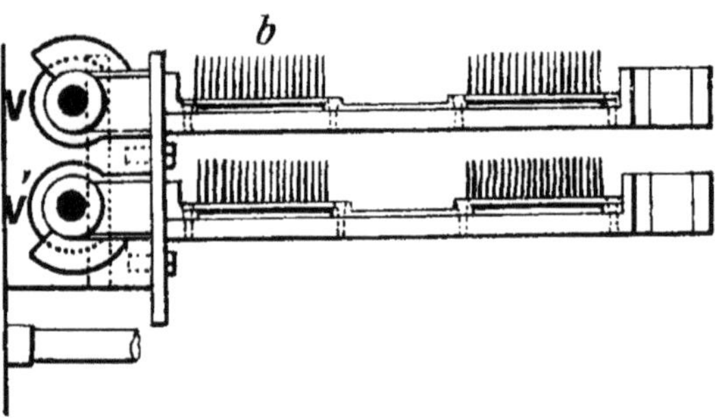

Fig. 112.

Fig. 112 *bis*

moitié, le tiers ou le quart du nombre des barettes engagées entre les vis supérieures.

Les barettes ont pour but de maintenir le cordon, de le conduire en l'empêchant de se rompre et de s'irrégulariser ; elles l'amènent entre une deuxième paire de rouleaux E et Q. Le cylindre E tout d'une pièce est l'étireur, il tourne autour d'un axe fixe. Les rouleaux de pression Q solidaires deux à deux agissent sur le cylindre E par pression obéissant ainsi aux variations de grosseurs du cordon. Ces rouleaux Q sont en bois d'orme.

En sortant de l'étireur qui tourne plus vite que le fournisseur, le ruban vient passer à travers une plaque à doubler D portant des ouvertures à 45°. Il y a autant d'ouvertures que de cuirs sur la table : tantôt 4, tantôt 6. Tous ces rubans viennent se réunir en un seul à la dernière ouverture. Là ils vont s'engager entre une dernière paire de cylindres R et U. Le rouleau R est le réunisseur ou délivreur ; son développement est légèrement supérieur à celui de l'étireur, afin que le ruban soit tendu, le ruban tombe enfin dans un pot en tôle ou en fer blanc.

Quand la longueur de ruban est suffisante, un compteur monté sur l'axe du délivreur fait mouvoir une sonnette qui avertit l'ouvrière qu'il faut changer de pot.

Lorsque le travail s'est effectué dans de bonnes conditions, tous les pots doivent, pour un même numéro, avoir le même poids. Le rouleau de pression qui agit sur le délivreur est en fonte ; son diamètre est supérieur à celui du délivreur sur lequel il agit par son poids et ce poids est assez grand pour déterminer sur le ruban une pression suffisante.

Il n'en est pas de même des rouleaux en bois qui agissent sur le cylindre étireur, on exerce sur ceux-ci une pression par leviers et contrepoids.

Remarque. — L'étirage d'une machine à étaler varie de 15 à 40. Les barettes de gills doivent développer de 5 à 6 0/0 en plus que le cylindre fournisseur quand on travaille des lins coupés, mais quand on travaille des lins longs le développement doit être le même.

Disposition des organes du mouvement de l'étaleuse.

L'étaleuse reçoit son mouvement d'une transmission au moyen de la poulie P (Voir fig. 113), l'arbre de la pou-

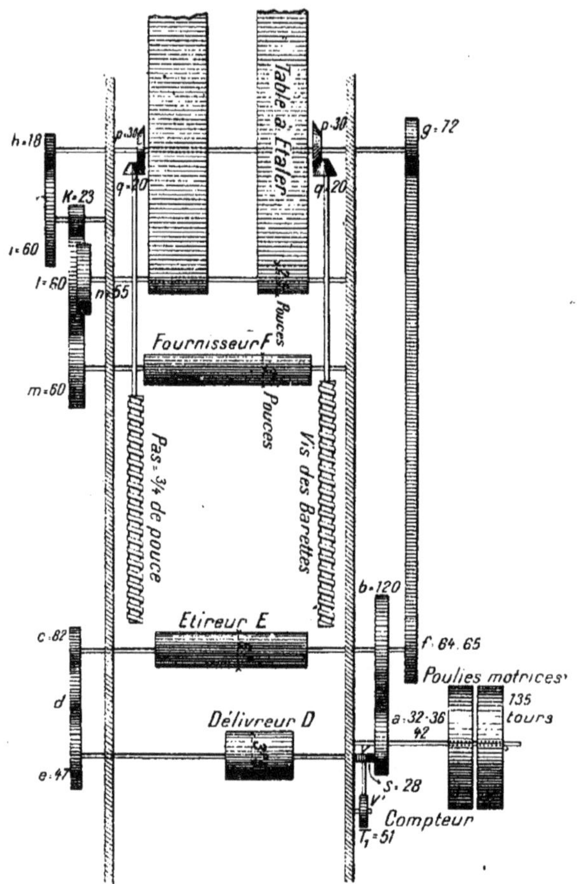

Fig. 113. — Disposition des commandes d'une table à étaler.

lie porte un pignon *a* de 32, 36 ou 42 dents engrenant une roue *b* de 120 dents calée sur l'axe du cylindre étireur E. L'axe de l'étireur porte à côté de la roue *b* un pignon f de 64 ou 65 dents qui, par une série d'intermédiaires vient actionner le pignon g de 72 dents calé sur l'arbre de commande des vis. Enfin sur le même arbre de l'étireur se trouve un troisième pignon c de 82 dents qui, par un seul intermédiaire vient actionner le pignon e de 47 dents calé sur l'arbre du cylindre délivreur D. Une roue conique p de 30 dents calée sur l'arbre de commande des vis actionne un pignon conique q de 20 dents calé sur l'axe des vis.

Le pignon h de 18 dents calé sur le même arbre des vis actionne l'intermédiaire double iK dans lequel $i = 60$ dents et $K = 23$ dents. Enfin l'engrenage K commande par l'intermédiaire l, d'une part, le pignon $m = 60$ calé sur l'axe du cylindre fournisseur, et de l'autre, l'engrenage $n = 55$ dents calé sur le rouleau d'appel de la table à étaler.

Mouvement du compteur et de la sonnette de la table à étaler.

L'arbre du cylindre délivreur porte à son extrémité du

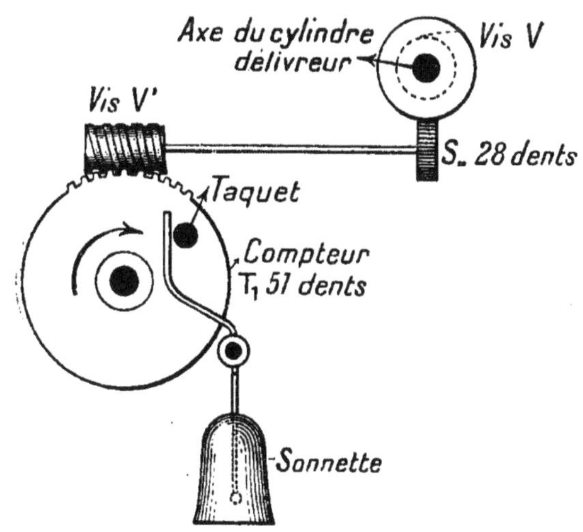

Fig. 114.

côté de la poulie de commande une vis à filets carrés V (Le filet de vis équivaut à une roue de 1 dent). Le filet fait tourner une roue S de 28 dents, fig. 114. L'axe de cette roue de 28 dents porte à son tour une vis V′ qui commande une roue T_1 de 51 dents.

Un petit taquet placé perpendiculairement à cette dernière roue vient presser contre un ressort portant une sonnette.

Quant le taquet s'échappe, le ressort met en mouvement la sonnette qui avertit que le ruban a la longueur voulue.

Calcul du compteur.

Nous venons de voir que la machine à étaler est munie d'un compteur qui est destiné à indiquer la longueur de ruban reçue dans un pot (fig. 114).

Supposons que la roue S de ce compteur ait 28 dents et que celle T_1 en ait 51 dents, et voyons quand la roue T_1 dite compteur fera 1 tour, autrement dit quand la sonnette fonctionnera quelle sera la longueur de ruban qui aura été délivrée par le cylindre délivreur.

La vis sans fin V placée à l'extrémité du cylindre délivreur peut être considérée comme un pignon de 1 dent, comme elle actionne une roue S de 28 dents, il faudra que le cylindre délivreur fasse 28 tours pour que cette roue en fasse 1.

De même la vis V′ calée sur le même axe que la roue S devra faire 51 tours pour que la roue T_1 en fasse 1.

Par suite, à chaque coup de sonnette, le cylindre délivreur devra faire un nombre de tours égal à :

$$28 \times 51 = 1.428 \text{ tours.}$$

Son diamètre étant de 3 pouces 1/2, la longueur délivrée sera :

1.428 × 3,5 × 3,1416 = 15.701 pouces 71

ou, le pouce valant 0 m. 0254

15.701 p. 71 × 0 m. 0254 = 398 m. 82 soit 400 m. environ.

Quelquefois la roue à sonnette porte 2 taquets au lieu d'un. Dans ce cas, à chaque coup de sonnette, on comprend facilement que la production s'obtient en prenant la moitié de celle trouvée ci-dessus, c'est-à-dire :

$$\frac{15.701 \text{ p. } 71}{2} = 7.850 \text{ p. } 85$$

Avec ces dispositions, la longueur reçue dans les pots demeure constante et l'ouvrière doit apporter toute son attention de façon à enlever à temps les pots dès que le compteur fonctionne.

Quelquefois un compteur à cadran portant une aiguille permet à l'ouvrière de voir plus facilement la quantité de ruban sorti et l'aide ainsi à régulariser son étalage.

Calcul de la production en longueur d'une machine à étaler.

La longueur de ruban que l'on fait généralement tomber dans un pot est de 500 yards. Cherchons combien le cylindre délivreur doit faire de tours pour produire cette longueur.

La circonférence du cylindre délivreur est en pouces de :

3,5 × 3,1416 = 10 p. 995

puisque le yard vaut 36 pouces, il suffit de diviser par 36 cette longueur pour avoir le développement du cylindre délivreur

$$\frac{10 \text{ p. } 995}{36} = 0 \text{ yard } 305$$

Calcul des vitesses et étirages d'une étaleuse.

DÉSIGNATION des organes	NOMBRE DE TOURS à la minute	DÉVELOPPEMENT des cylindres par minute	ETIRAGES
Poulie de commande P	Vitesse V = 135 tours		
Cylind. étireur E	Vitesse étireur = $= V \times \frac{a}{b} = 135 \times \frac{36}{120} = 40{,}5$ tours.	Cylindre étireur = $= 3{,}1416 \times 6 \times 40{,}5 = 763$ pouces 4	1° Entre étireur et fournisseur $\frac{E}{F} = \frac{763{,}4}{39{,}018} = 19{,}56$
Cyl. délivreur D	Vitesse délivreur = $= V \times \frac{a \times c}{b \times e} = 135 \times \frac{36 \times 82}{120 \times 47} = 70$ t. 5.	Cylindre délivreur D = $= 3{,}116 \times 3{,}5 \times 70{,}5 = 775$ p. 89	2° Entre fournisseur et table à étaler : $\frac{F}{T} = \frac{39{,}018}{35{,}50} = 1{,}09$
Cyl. fournisseur F	Vitesse fournisseur = $= V \times \frac{aShK}{bgim} = 135 \times \frac{36 \times 64 \times 18 \times 23}{120 \times 72 \times 60 \times 60} = 4$ t. 14	Cylindre fournisseur F = $= 3{,}1416 \times 3 \times 4{,}14 = 39$ p. 018	
Table à étaler T	Vitesse table = $= V \times \frac{aShK}{bgin} = 135 \times \frac{36 \times 64 \times 18 \times 23}{120 \times 72 \times 60 \times 55} = 4$ t. 52	Cylindre d'appel de la table à étaler $= 3{,}1416 \times 2{,}5 \times 4{,}52 = 35$ p. 50	3° Entre fournisseur et gills : $\frac{\text{Barettes}}{F} = \frac{40}{39{,}018} = 1{,}02$
Vis de commande des barettes.	Vitesse des barettes = $= V \times \frac{aSp}{bgq} = 135 \times \frac{36 \times 64 \times 30}{120 \times 72 \times 20} = 54$ tours.	Développ. des barettes = Vitesse des vis × pas $= 54 \times \frac{3}{4} = 40$ pouces	4° Entre délivreur et étireur : $\frac{D}{E} = \frac{776{,}8}{763{,}4} = 1{,}015$
Roue à sonnette ou compteur	Vitesse compteur = $= V \times \frac{a \times c \times Vis\ V \times Vis\ V'}{b \times e \times S \times T_1} =$ $= 135 \times \frac{36 \times 82}{120 \times 47 \times 28 \times 51} = 0$ t. 04948.		5° Etirage total : $19{,}56 \times 1{,}09 \times 1{,}015 = 21{,}65$

Le nombre de tours à faire pour produire 500 yards est donc :

$$\frac{500}{0,305} = 1.967 \text{ t. } 2.$$

Or nous avons trouvé dans nos calculs figurés au tableau ci-devant que le cylindre délivreur fait 70 t. 5, donc en divisant 1.636 t. 36 par 70 t. 5, nous trouverons le temps en minutes qu'il faut pour produire les 500 yards. soit :

$$\frac{1.967 \text{ t. } 2}{70,5} = 27 \text{ minutes } 10 \text{ secondes.}$$

Si enfin nous multiplions cette dernière expression par la vitesse de la roue à sonnette trouvée également dans nos calculs figurés au tableau ci-contre, nous aurons le nombre de tours que fait la roue à sonnette pendant la production de 500 yards, soit :

$$27'10'' \times 0 \text{ t. } 04948 = 1 \text{ t. } 3409$$

Ce résultat étant plus grand que 1 et la roue à sonnette T_1 ne pouvant porter moins d'un taquet, il en résulte qu'à chaque coup de sonnette la longueur produite sera moindre que 500 yards.

On peut trouver facilement cette longueur produite par une règle de trois :

En effet quand la roue à sonnette fait 1 t. 3409, la longueur produite est 500 yards, et quand la roue à sonnette fera 1 tour, la longueur produite sera x ou

$$\frac{500}{1,3409} = 373 \text{ yards } 1.$$

Pour avoir 500 yards à chaque coup de sonnette, il faut changer l'une des roues S ou T_1 du compteur, supposons que l'on change T_1, on pourra alors écrire :

Quand la longueur produite est 373 y. 1, la roue à sonnette a 51 dents.

Quand la longueur produite sera 1 yard, la roue à sonnette sera $\frac{51}{373,1} =$ dents,

et quand la longueur produite sera 500 yards la roue à sonnette sera $\frac{51 \times 500}{373,1} = 68,4$ dents.

En mettant un pignon 68, on aura un peu moins et avec un pignon 69 on aurait un peu plus de 500 yards.

Calcul de la production d'une étaleuse.

Nous venons de voir qu'à chaque tour le cylindre délivreur fournit 0 y. 305. Le délivreur faisant 70 t. 5 par minute, la production en 1 minute sera :

$$0 \text{ y. } 305 \times 70,5 = 21 \text{ y. } 5025$$

En 1 heure, la production serait :

$$21 \text{ y. } 5025 \times 60 = 1.290 \text{ y. } 15.$$

Et en 11 heures de travail, elle serait :

$$1.290 \text{ y. } 15 \times 11 = 14191 \text{ y. } 65.$$

Il faut en outre déduire environ 10 0/0 pour les pertes de temps dues aux arrêts, ce qui revient à multiplier ce résultat par 0,90. La production quotidienne pratique serait donc :

$$14.191,65 \times 0,90 = 12.772 \text{ yards } 485.$$

Enfin en divisant cette longueur par 500 qui est celle de chaque pot, on trouvera en pots la production, soit :

$$\frac{12.772,485}{500} = 25 \text{ pots } 1/2.$$

Poids du ruban à la sortie de l'étaleuse.

Supposons que nous voulions actuellement déterminer le poids d'un pot. A cet effet, supposons que l'étaleuse soit à **4** cuirs ; que sur chacun d'eux, on étale une charge de **100** grammes de lin par yard. Le poids étalé sur les **4** cuirs sera :

$$4 \times 100 = 400 \text{ grammes.}$$

Or, à la sortie, les **4** rubans se réunissent en un seul ayant subi un allongement donné par l'étirage de la machine soit pour le cas qui nous occupe **19,56**.

1 yard de ruban pèse donc à la sortie de la machine :

$$\frac{400}{19{,}56} = 20 \text{ gr. } 40.$$

Le pot qui a **500** yards pèse donc :

$$20{,}400 \times 500 = 10.220 \text{ gr.} = 10 \text{ k. } 220.$$

Et les **23** pots que produisent une étaleuse pèseraient :

$$10 \text{ k. } 220 \times 23 = 235 \text{ k. } 06.$$

CHAPITRE V

OBSERVATIONS GÉNÉRALES RELATIVES AUX MACHINES DE FILATURE

Pour que les machines de filature fonctionnent convenablement, il est avant tout nécessaire qu'elles soient bien installées, que tous les boulons d'assemblage ou les vis s'il en existe soient bien serrés, que tous les engrenages soient bien engrenés afin que pendant la marche, il ne puisse se produire aucun mouvement ni aucune vibration qui occasionneraient des défauts dans les rubans, dans les mèches ou dans les fils.

Les cylindres d'étirage doivent toujours être en bon état, c'est-à-dire qu'ils doivent toujours être parfaitement ronds et ne présenter aucun défaut sur leur surface. Les coussinets dans lesquels ils tournent doivent toujours être bien réglés et disposés de telle façon que les cylindres soient parfaitement de niveau.

On doit donc de temps à autre s'assurer au moyen du niveau d'eau que les cylindres sont bien dans les conditions voulues, sinon il faut immédiatement les y mettre en retouchant aux coussinets s'il y a lieu. Il est en effet certain qu'un cylindre, qui tourne dans de mauvaises conditions, produit des rubans irréguliers et augmente la force motrice nécessaire à la marche de la machine.

Il ne suffit pas de s'occuper des cylindres et des coussinets d'appui pour conclure que tout va pour le mieux, il faut en effet que de temps à autre, autant que possible à époques fixes, les machines soient démontées dans leurs parties essentielles afin de faire le nettoyage à fond des parties que l'on atteint difficilement par le nettoyage journalier, ceci contribue à la bonne marche des machines et à la production d'un travail plus soigné ; de plus c'est un moyen certain de se rendre compte de l'état d'usure des pièces qui permet ainsi de prévoir à l'avance quels sont les organes que l'on devra réparer à une époque déterminée ou même quels sont ceux qu'il faudra remplacer.

Combien d'arrêts imprévus, en effet, seraient évités si l'on procédait comme nous venons de l'indiquer.

Une autre remarque très importante est celle relative au graissage des mécanismes.

Il est nécessaire que tous les organes en mouvement tels que les cylindres d'étirage, les mouvements d'articulation, etc... soient graissés plusieurs fois par jour, de préférence à la mise en route qui suit les repas ; inutile de graisser à profusion en répandant de l'huile sous les machines comme on le fait trop souvent.

Faire bien attention, quand on monte de nouvelles machines, d'examiner si le constructeur a bien prévu tous les trous de graissage et chose qui n'est pas à négliger à l'heure actuelle, s'assurer si tous les organes dangereux sont munis d'organes protecteurs afin de réduire le plus possible le nombre des accidents.

Observations relatives aux étaleuses.

C'est de la manière dont on forme les rubans sur cette machine que dépend en majeure partie leur régularité, et par suite aussi celle des fils qui seront produits par leur moyen. Les ouvrières chargées de ce travail devront donc y apporter le plus grand soin. Tout d'abord en partageant les cordons peignés, qui leur sont livrés tels que les ont produits les repasseurs, elles devront veiller à ce que les parts qu'elles en font soient bien égales entre elles en grosseur, et que les fibres y restent bien régulièrement disposées, droites et parallèles entre elles, sans s'emmêler en aucune façon. Pour que ce résultat puisse être atteint dans de bonnes conditions, il est bon de ne pas faire de chaque cordon plus de deux ou trois parts.

Les ouvrières étalent alors les mèches qu'elles ont ainsi préparées, sur les cuirs de la table, bien régulièrement les unes à la suite des autres, et de façon à ce que chacune d'elles recouvre la précédente d'une quantité qui, pour une même fabrication, doit toujours rester invariable. La portion de la mèche qui est ainsi recouverte peut varier suivant la grosseur du ruban que l'on veut obtenir à la sortie de la machine. Elle est ordinairement comprise entre les **2/3** et les **3/4** de la longueur des mèches, et ne doit, en aucun cas, être réduite à la moitié de cette longueur, afin que les pointes des fibres étalées sur les cuirs ne cessent jamais de se présenter aux fournisseurs d'une manière régulière et continue. En plaçant les mèches, l'ouvrière doit éviter de les tirer en longueur : elle risquerait de déranger les fibres et d'altérer leur parallélisme. Elle peut simplement étendre les pointes en y passant légèrement la main, tandis qu'elle maintient la mèche de son autre main.

Les étaleuses, les plus usuellement employées, sont munies de 6 cuirs. Deux ouvrières, placées de chaque côté de la table, sont chargées de les alimenter en garnissant chacune les trois cuirs les plus rapprochés d'elles. Les six rubans qu'elles forment ainsi traversent séparément la machine, puis, sur la plaque à doubler, ils se réunissent les uns aux autres pour n'en former qu'un seul. Ce ruban unique, que débite le délivreur et qui se rassemble dans le pot placé pour le recevoir, a donc éprouvé un doublage dont la valeur est représentée par le nombre des cuirs de la table.

D'après ce que nous savons, les doublages ont pour effet d'augmenter la régularité des rubans et cela, d'autant plus, qu'ils sont plus élevés. Par suite de cette considération, afin d'obtenir des rubans très uniformes de grosseur, on a été conduit à construire des étaleuses à 8 cuirs, mais pour que la grosseur des rubans qu'elles fournissent ne soit pas exagérée, il faut y faire l'étalage très légèrement, c'est-à-dire de manière à ce que les mèches ne se recouvrent que peu les unes les autres. Ces machines ne conviennent par conséquent que pour les lins très longs pour lesquels cet allègement de l'étalage ne réduit pas le recouvrement des mèches au-delà des limites qui correspondent au bon travail. Pour les lins ordinaires et courts, avec lesquels on est obligé de faire succéder les mèches à de très faibles intervalles, et d'y former par conséquent des rubans déjà gros, on fait souvent usage de tables munies de 4 cuirs seulement. Les ouvrières ont le temps d'y faire l'étalage avec soin, et le ruban fourni n'a pas de grosseur exagérée. Pour faire varier la grosseur du ruban que produit une étaleuse, on peut modifier la manière dont on y fait l'étalage, en l'allégeant, c'est-à-dire en espaçant davantage les mèches si l'on veut un ruban moins gros, ou en les amenant à se recouvrir davantage les unes les autres si l'on a besoin d'un ruban plus lourd.

Dans certains établissements, on considère que les ouvrières exécutent plus régulièrement leur travail lorsqu'on les laisse procéder toujours de la même façon et l'on arrive au même résultat, sans rien changer à l'étalage, en modifiant la valeur de l'étirage que produit la machine. Le ruban s'allège lorsque l'on augmente cet étirage et s'alourdit quand on le diminue.

On obtient de bons résultats pratiques quand l'étirage

de la machine est compris entre 16 et 20 lorsque l'on travaille des lins de belle qualité destinés à des fils fins. Pour des lins plus ordinaires, correspondant à des fils de numéros moyens, cet étirage peut sans inconvénients être élevé jusqu'à 25, mais on ne dépasse cette limite que lorsque l'on travaille des lins communs pour gros fils ou des chanvres.

Il ne faut jamais perdre de vue que les étirages exagérés nuisent à la régularité des rubans ; il y a donc lieu de les réduire le plus possible, mais sans porter atteinte par là au rendement de la machine. On sait que pour diminuer l'étirage, on accélère la marche des fournisseurs, et, par suite, aussi celle des cuirs de la table ; mais il ne faut jamais augmenter cette vitesse jusqu'au point où les ouvriers ne pourraient plus exécuter leur travail facilement et avec soin. On peut, il est vrai, au moyen du pignon de vitesse, ralentir la marche générale de la machine, mais alors on diminue sa production.

Dans la fabrication ordinaire, l'étalage des lins sur les cuirs et l'étirage sont combinés de manière à ce que les 500 yards de ruban qui se rassemblent dans chaque pot aient un poids de 1 1/2 à 2 kgs lorsque l'on travaille des lins supérieurs, pour fils fins, ce poids s'élevant graduellement jusqu'à 10 kgs pour les lins de plus en plus communs, correspondant à des numéros de fils de plus en plus bas, et même jusqu'à 12 kgs pour les très gros fils.

Les ouvrières doivent avoir bien soin de ne jamais négliger de changer les pots aussitôt que le compteur du délivreur en donne le signal.

Ecartements entre les cylindres fournisseurs et étireurs des machines de filature du lin.

Les machines à étaler, les bancs d'étirage et les bancs

à broches sont généralement établis par les constructeurs avec des écartements invariables réglés sur les plus grandes longueurs de fibres qu'elles peuvent être appelées à travailler.

Au fur et à mesure que les fibres textiles passent d'une machine à une autre elles se divisent de plus en plus et par suite elles se raccourcissent, il est donc nécessaire que l'on réduise de plus en plus les écartements des cylindres.

Les écartements pour lins courants ont à peu près les valeurs suivantes :

A la machine à étaler . . .	28 à 36	pouces
Au 1er passage d'étirage . .	26 à 32	—
Au 2e — . .	24 à 30	—
Au 3e — . .	22 à 26	—
Au banc à broches	20 à 22	—

CHAPITRE VI

BANC D'ÉTIRAGE

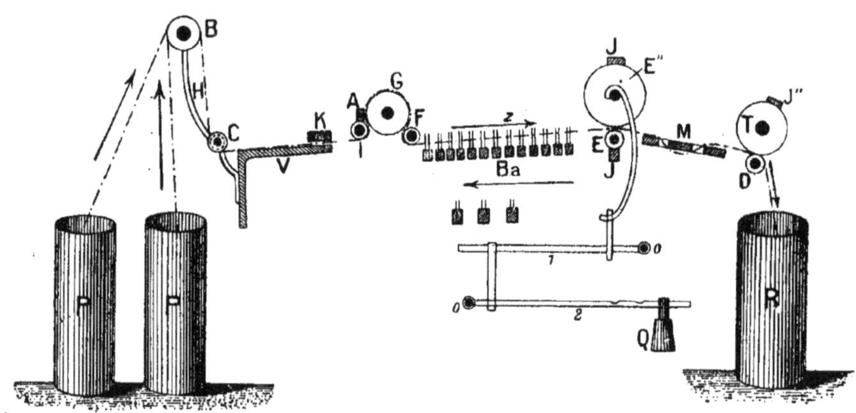

Fig. 115.

P Pot contenant les rubans venant de l'étaleuse.
B Galet mobile.
C Tringle servant à guider les mèches.
V Table en fonte.
K Conduit fixé sur la table V.
A Tringle garnie de panne verte servant à nettoyer le duvet de I.
F Cylindre fournisseur.
G Rouleau en fonte qui agit par son poids sur le cylindre F.
Ba Barettes de gills.
E Cylindre étireur inférieur.
E'" Cylindre étireur supérieur qui est en bois d'orme et agit sur le cylindre à l'aide d'une pression par leviers.
D Cylindre délivreur.
T Cylindre métallique agissant par son poids sur D.
R Pot d'avant.
JJ" Chapeaux garnis de panne.

Description.

Les rubans en sortant de l'étaleuse sont loin d'avoir une régularité suffisante, aussi il est nécessaire de les faire passer sur de nouvelles machines dites étirages ou bancs d'étirage qui ont pour but d'*amincir*, d'*allonger* et *régulariser* les rubans qui ont été formés à l'étaleuse.

L'ensemble d'un groupe de machines d'étirages forme un assortiment et les diverses machines d'un assortiment ne diffèrent entre elles que par l'écartement des cylindres et la grosseur des aiguilles des barettes de gills.

Les écartements des cylindres vont en diminuant de la première à la dernière machine de l'assortiment et les aiguilles deviennent de plus en plus fines.

En général les étirages sont des machines presque identiques aux étaleuses, elles en diffèrent simplement par la suppression de la table à étaler et par quelques modifications de détail. La figure 115 montre l'agencement des organes d'un étirage.

Les rubans d'un certain nombre de pots semblables à P se déroulent et viennent passer sur des galets mobiles B, puis sous une tringle C, sur la table en fonte V, entre des conduits K montés sur la table en fonte. Là ils passent sous le cylindre A, remontent autour du rouleau en fonte G et viennent repasser sous le fournisseur F. A partir du fournisseur ils sont saisis par des barettes de gills qui les conduisent à l'étireur E d'où ils vont au délivreur D pour tomber ensuite dans un pot R. Les cylindres G en fonte ne font que reposer sur ceux A et F agissant ainsi par leurs poids.

La fig. 116 montre la vue en plan de la pièce M de la fig. 115, cet organe, en fonte lisse, porte le nom de *table à réunir*.

Ainsi qu'on le voit, plusieurs rubans sont réunis pour n'en former qu'un seul, qui tombe dans le pot R.

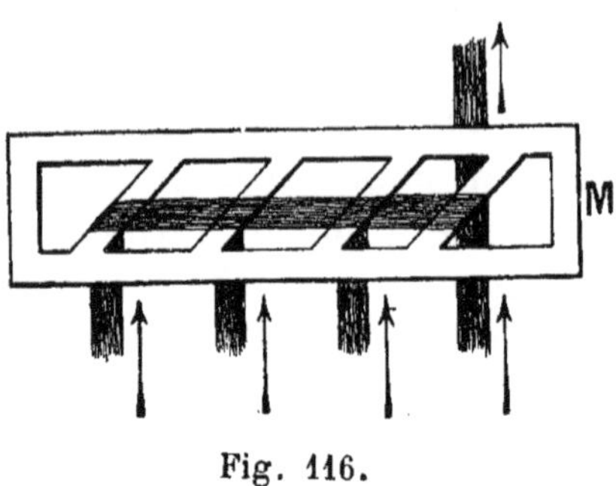

Fig. 116.

Principaux calculs relatifs à l'étirage (Fig. 117).

Vitesse du cylindre alimentaire :

$$A = \frac{V \times adgk}{bfhm} = \frac{135 \times 26 \times 75 \times 24 \times 20}{120 \times 56 \times 64 \times 60} = 4 \text{ t. } 89.$$

Vitesse du cylindre fournisseur :

$$F = \frac{V \times adgkr}{bfhms} = \frac{135 \times 26 \times 75 \times 24 \times 20 \times 20}{120 \times 56 \times 64 \times 60 \times 20} = 4 \text{ t. } 89.$$

Vitesse du cylindre étireur :

$$E = V \times \frac{a}{c} = \frac{135 \times 26}{64} = 54 \text{ t. } 84.$$

Vitesse du cylindre délivreur :

$$D = V \times \frac{an}{cp} = \frac{135 \times 26 \times 40}{64 \times 47} = 46 \text{ t. } 57.$$

Vitesse des vis de commande des barettes :

$$V \times \frac{adT}{bfV} = \frac{135 \times 26 \times 75 \times 26}{120 \times 56 \times 15} = 117 \text{ t. } 5.$$

Développement du cylindre alimentaire :

$$3,1416 \times 0,05 \times 4,89 = 0 \text{ m. } 76773.$$

Développement du cylindre fournisseur :

$$3,1416 \times 0,05 \times 4,89 = 0 \text{ m. } 76773.$$

Développement du cylindre étireur :

$$3,1416 \times 0,06 \times 54,84 = 10 \text{ m. } 336.$$

Développement du cylindre délivreur :

$$3,1416 \times 0,08 \times 46,57 = 11 \text{ m. } 703.$$

Développement des barettes : Vitesse des vis $\times$ pas des vis :

$$117,5 \times 6 \text{ mm. } 8 = 0 \text{ m. } 799.$$

Etirage entre cylindres fournisseurs et alimentaires : $\frac{0,76773}{0,76773} = 1$, donc entre ces cylindres, le ruban n'est nullement étiré.

Etirage entre les barettes et le cylindre fournisseur : $\frac{0,799}{0,76773} = 1,04.$

Etirage entre le cylindre étireur et les barettes : $\frac{10 \text{ m. } 336}{0,799} = 12,9.$

Etirage entre le cylindre délivreur et l'étireur : $\frac{11 \text{ m. } 703}{10 \text{ m. } 336} = 1,13$, ce dernier étirage a simplement pour but de tendre les rubans.

Etirage total : $1 \times 1,04 \times 12,9 \times 1,13 = 15,1528.$

Détail des commandes d'un étirage pour lin.

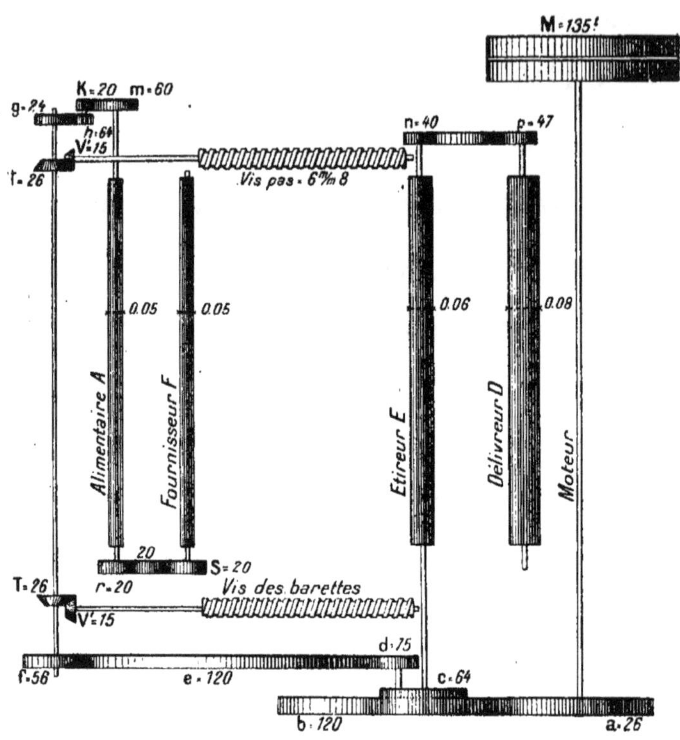

Fig. 117.

Calcul de la production en longueur d'un étirage.

La production en longueur est égale au développement du cylindre délivreur multiplié par sa vitesse.

Ainsi d'après nos calculs précédents, le cylindre délivreur qui a 0 m. 08 de diamètre développe :

$$0,08 \times 3,1416 = 0 \text{ m. } 24132 \text{ par tour.}$$

Comme en 1 minute, il fait 46 tours 57, son développement correspondant est de :

0 m. 24132 × 46 t. 57 = 11 m. 703.

En 1 heure ou 60 minutes, le développement sera :

11 m. 703 × 60 = 702 m. 18.

En 10 heures, la production théorique sera :

702 m. 18 × 10 = 7.021 m. 80.

La production pratique est environ les 8/10 de cette production ou :

7.201 m. 80 × 0,8 = 5.617 m. 44.

Calcul de la production en poids.

La production en poids se détermine facilement de la façon suivante :

Règle. — On prend le développement du cylindre étireur par minute, on le multiplie par le poids total des rubans derrière la machine et on divise ce résultat par le produit de la longueur de ces rubans et l'étirage.

Exemple. — Un certain nombre de rubans placés derrière l'étirage ont un poids total de 80 kgs formant une longueur de 300 mètres. Sachant que le cylindre étireur développe 25 mètres par minute et que l'étirage est de 12. Quelle est la production par minute ?

En appliquant la règle qui précède, on aurait :

$$\textit{Production} = \frac{80 \text{ k.} \times 25 \text{ m.}}{300 \text{ m.} \times 12} = 0 \text{ k. } 555 \text{ par minute.}$$

En 1 heure, la production serait :

0,555 × 60 = 33 k.

Et en **10** heures, elle serait :

$$33 \text{ k.} \times 10 = 330 \text{ k.}$$

On peut facilement montrer que la règle ci-dessus est exacte :

En effet les **300** mètres de rubans étant étirés de **12** donnent à la sortie 300 m. × 12 = 3.600 mètres.

On peut donc écrire :

3.600 m. de rubans sortant pèsent 80 k.

1 » » pèsera $\frac{80}{3.600}$

Et 25 » » pèseront :

$$\frac{80 \times 25}{3\,600} \text{ ou } \frac{80 \times 25}{300 \times 12} = 0 \text{ k. } 555$$

qui est bien le chiffre trouvé ci-dessus et qui vérifie la règle énoncée.

Assortiment des étirages.

L'assortiment des machines d'étirage comprend souvent 3 passages et quelquefois 4. On a donc : Un 1er, un 2e, un 3e, un 4e étirage.

Le 1er ÉTIRAGE est le plus solidement construit ; il a souvent 2 têtes d'étirage et l'on y fait un doublage de 3 ou 4 pour les lins longs avec un étirage de 15 à 25.

Pour les numéros très élevés (lin coupé en 2), on double souvent par 6 ou 8 pour chaque tête et on étire de 8 à 12. Enfin pour les numéros au-dessus de 100 (lin coupé en 3 ou 4), l'étirage est compris entre 8 et 10.

Le 2e ÉTIRAGE porte souvent 3 têtes et 6 rubans par tête, l'étirage varie de 12 à 22 pour les lins longs. Pour les lins coupés, on étire de 12 à 18 et on met 8 rubans par tête.

Le 3e ÉTIRAGE porte 4 têtes, 6 ou 8 rubans par tête pour

les lins longs et 8 à 12 pour les lins coupés, l'étirage est très faible.

Le 4e ÉTIRAGE a 4 têtes, 12 rubans par tête, très peu d'écartement entre les peignes. Ce 4e étirage ne s'emploie que pour le lin coupé et pour les numéros fins. L'étirage doit être presque nul.

Des doublages aux machines à étirer.

Dans l'étude des principes généraux de la filature, nous avons dit en quoi consiste le doublage.

Il est facile par le calcul de déterminer le poids d'un ruban sortant lorsque l'on connaît le *doublage*, l'*étirage* et le *poids du ruban* entrant.

Exemple. — Supposons que pour une longueur déterminée, chaque ruban placé derrière la machine pèse 5 k. 500, le doublage étant de 10 et l'étirage de 15. Quel sera le poids du ruban sortant par devant la machine pour une même longueur ?

Règle. — On multiplie le doublage par le poids de l'un des rubans et on divise le résultat par l'étirage.

On a donc poids du ruban sortant :

$$\frac{5\text{ k. }500 \times 10}{15} = 3\text{ k. }666.$$

Le poids du ruban sortant est encore égal au poids total des rubans entrant divisé par l'étirage, c'est-à-dire

$$\frac{55}{15} = 3\text{ k. }666.$$

REMARQUES. — Pour faire varier l'étirage entre le cylindre étireur et le cylindre fournisseur, on peut :

1° *Changer le pignon C calé à l extrémité du cylindre étireur* (Fig. 117). Si ce pignon devient plus grand, l'étirage diminue et si au contraire il devient plus petit, l'étirage augmente. En effet si le pignon C augmente l'étireur développe moins, par suite l'étirage diminue, l'inverse a lieu si le pignon C diminue.

2° *On peut changer le pignon f* (Voir sur la même figure). Si le pignon f augmente, l'étirage augmente et s'il diminue, l'étirage diminue. En effet si f augmente, le développement du fournisseur diminue ; comme l'étireur conserve son développement, il en résulte que l'étirage augmente. Réciproquement si f diminue, l'étirage diminue.

3° *On peut changer le pignon* K, si ce pignon augmente, l'étirage augmente, et s'il diminue, l'étirage diminue.

Moyen pratique de calculer l'étirage entre l'étireur et le fournisseur.

L'étirage =

$$\frac{\text{diamètre du cylindre étireur} \times \text{produit des roues commandées}}{\text{diamètre du cylindre fournisseur} \times \text{produit des pignons commandeurs}}$$

En appliquant cette règle à la (figure **117**), on aura :
Etirage :

$$\frac{60\text{m/m} \times b \times f \times h \times m \times s}{50\text{m/m} \times c \times d \times g \times k \times r} = \frac{60 \times 120 \times 56 \times 64 \times 60 \times 20}{50 \times 64 \times 75 \times 24 \times 20 \times 20} = 13{,}45.$$

Dans la pratique, on calcule habituellement les pignons pour changement d'étirage en se servant d'un nombre constant. Voici en quoi il consiste :

Connaissant le pignon qui produit un certain étirage, on peut trouver le pignon qui correspond à un autre étirage.

En effet nous avons vu que les étirages sont inversement proportionnels aux nombres de dents des pignons de change, c'est-à-dire que l'on peut écrire :

$$\frac{\text{Etirage E}}{\text{Etirage E}'} = \frac{\text{Pignon C}'}{\text{Pignon C}}$$

Par suite si nous supposons que pour étirer de **20**, il faut un pignon de **40** dents et que nous cherchions le pignon à mettre pour produire un étirage de **10**, on pourra écrire :

$$\frac{\text{Etirage 20}}{\text{Etirage 10}} = \frac{\text{Pignon cherché } x}{\text{Pignon donné 40}}$$

D'où l'on déduit : Pignon cherché $x = \frac{20 \times 40}{10} = 80.$

Le nombre **20** $\times$ **40** = **800** s'appelle le *nombre constant*.

Donc ce *nombre* s'obtient en multipliant l'étirage donné par le pignon qui lui correspond.

1° Le *pignon cherché* s'obtient en divisant le nombre constant par l'étirage dont on cherche le pignon.

2° L'étirage correspondant à un pignon donné s'obtient en divisant le nombre constant par le pignon donné.

Exemple. — Ainsi si un métier étire de **13** avec un pignon 50. Quel pignon faudra-t-il employer pour faire un étirage de 10 ?

Le nombre constant est **13** $\times$ 50 = **650**, par suite le pignon cherché sera :

$$\frac{650}{10} = 65$$

Observations pratiques relatives aux bancs d'étirage.

Les bancs d'étirage sont des machines qui sont aujourd'hui indispensables à la filature du lin ; elles ont des effets multiples, ainsi :

1° Elles permettent de régulariser le ruban primitif provenant de l'étaleuse ;

2° Elles permettent de rétablir le parallélisme des brins.

3° Elles permettent d'assouplir la matière première elle-même.

Dans tout banc d'étirage, quatre éléments sont variables, ce sont :

1° La quantité d'étirages qu'on doit donner au ruban à chaque machine d'un assortiment ;

2° Le nombre de doublages ;

3° L'écartement à établir entre l'étireur et le fournisseur ;

4° Les pressions que chaque tête de cylindre doit supporter.

La combinaison des doublages et des étirages est une des opérations les plus complexes de la filature.

C'est au filateur de savoir apprécier si ses machines peuvent supporter tel ou tel doublage sans être engorgées. Quelques industriels attachent de l'importance au doublage, afin d'éviter de trop grandes complications, en même temps que pour éloigner les erreurs que font souvent les ouvriers, ils adaptent derrière les machines un nombre constant de pots et ne font varier que les étirages. Ce système permet d'arriver à un bon résultat. D'autres industriels, au contraire, n'attachent que peu d'importance aux étirages. Ils en ont le moins possible, ils peignent alors leur lin outre mesure et le font passer très peu sur les machines dont nous parlons.

Il ne faut jamais alimenter trop fortement les étirages car on produit du mauvais travail et les rubans obtenus sont irréguliers et défectueux. Le fil qui en résulte même en étant fait avec des matières de qualité supérieure est médiocre.

On doit s'arranger à ne jamais forcer la production

des étirages ; d'ailleurs quand une machine est trop chargée, il est facile de s'en apercevoir parce que les fibres dépassent le haut des aiguilles du gills.

Lorsque l'on travaille des lins longs, il est très important que le cylindre étireur n'ait pas plus de 2 à 3 pouces de diamètre de façon à obtenir de bons résultats. Pour les lins coupés devant être par conséquent filés à des numéros plus élevés, les diamètres ne devraient pas être plus grands que 2 pouces, même un pouce 1/2 au 3e et au 4e étirage afin que les filaments soient toujours maintenus à une moins grande distance de l'étireur dans le gills.

Les peignes des barettes doivent toujours être en bon état ; quand une partie est courbée ou cassée, il se produit des coupures sur le ruban. Il se produit encore des coupures quand le rouleau de pression de l'étireur tourne faux rond soit par suite de son usure irrégulière, soit par suite de la présence d'un corps étranger qui vient à se fixer au rouleau de pression.

Un peigne usé mal guidé par les vis, fonctionnant par saccades ou un peigne dont la denture n'est pas en rapport avec le passage produisent également des coupures.

Enfin une pression trop forte sur l'étireur produit encore des coupures. On juge que la pression est convenable lorsqu'elle suffit pour le laminage des aspérités que présentent les brins et quand les cylindres supérieurs tournent bien. Pour des étireurs de même diamètre et de vitesse constante, étirant des rubans à peu près de même grosseur, la pression est toujours la même, on l'augmente légèrement avec les écartements. Ces écartements faciles à régler varient avec les longueurs des brins et sont un peu plus grands que ces longueurs. Trop d'écartement donne en effet du duvet, de longues coupures, trop peu d'écartement fait passer dur par suite de l'effet de l'arrachement des filaments et altère même la nature du lin.

Les peignes doivent être nettoyés le plus souvent possible, car c'est principalement de leur bon entretien que dépend la nature du fil.

Les barettes de gills ou peignes doivent toujours être réglées de telle façon que les rubans de lin restent toujours engagés dans les aiguilles pendant la marche, de plus ces barettes doivent approcher le plus près possible du cylindre étireur sans pourtant le toucher.

Dans les bancs d'étirage aussi bien ceux qui font partie des étaleuses ou des bancs à broches que ceux que l'on désigne spécialement de ce nom, les points sur lesquels l'attention devra spécialement se porter sont les suivants :

Il sera utile pour les surveillants ou contre-maîtres de calculer pour chacune des machines confiées à leurs soins, les nombres constants relatifs à l'étirage et à la marche générale. Dans les machines neuves, ces nombres, ordinairement très simples, sont gravés sur l'un des bâtis ; mais après chaque réparation, lorsque l'un ou l'autre des cylindres fournisseur ou étireur a été cylindré sur le tour, la valeur de ces nombres constants se trouve modifiée, et il faut les calculer à nouveau.

Tous les cylindres, ainsi que les presseurs, doivent toujours être entretenus en parfait état. S'ils arrivent à ne plus être bien droits ou à s'user aux points où passent les rubans, il faut les passer au tour, mais en ne les diminuant que de la quantité strictement nécessaire.

Aussitôt que, par suite des réparations successives, l'un ou l'autre des cylindres a été affaibli au point de fléchir sous les pressions qu'il supporte, il faut le remplacer par un cylindre neuf d'un diamètre un peu plus grand.

Les coussinets dans lesquels tournent les cylindres doivent eux aussi être réparés ou remplacés aussitôt qu'il s'y manifeste du jeu. Il faut périodiquement les vérifier et toujours veiller à ce qu'ils soient tous bien de niveau. A chacune de ces réparations, il faut veiller à ce que la position des barettes par rapport aux cylindres reste toujours dans de bonnes conditions. Il faut que le ruban, tendu entre les fournisseurs et les étireurs, soit bien engagé dans les aiguilles des gills, sans s'enfoncer jusqu'à leurs bases, mais de façon à ce que leurs pointes en ressortent bien. Cette position est bien réglée par les constructeurs dans les machines neuves, mais doit être vérifiée et réglée à nouveau après chaque réparation qui aurait pu la modifier.

Les dimensions des gills comme largeur, ainsi que comme hauteur et espacement des aiguilles, doivent être bien proportionnées à la grosseur des rubans qu'ils doivent conduire, et aussi à la nature des lins que l'on travaille, ainsi qu'au degré de peignage qu'ils ont reçu. Les gills trop ouverts, c'est-à-dire dont les aiguilles sont trop espacées, permettent aux rubans de passer par nappes, sans que leurs fibres soient divisées et travaillées par eux ; dans les gills trop fins et trop serrés, il se produit par contre des bourrasses et des ruptures d'aiguilles. Il faut toujours chercher à employer des gills aussi fins et serrés que possible, mais assez couverts cependant pour que la marche du ruban y soit libre et régulière.

Comme les rubans deviennent de moins en moins gros, et sont de plus en plus travaillés, dans les différentes machines par lesquelles ils passent successivement ; ces machines doivent être munies de gills de plus en plus fins.

Nous avons vu que les barettes doivent être animées d'une vitesse un peu plus grande que celle que les fournisseurs communiquent aux rubans. Cette avance varie ordinairement entre 2 et 4 ou 5 p. 0/0. Elle doit être plus grande lorsque les rubans sont épais, et moindre lorsqu'ils sont peu gros. Elle diminuera donc de l'étaleuse au banc à broches. Le cylindre délivreur doit de même avoir une petite avance sur l'étireur, mais uniquement pour maintenir les rubans bien tendus, sans provoquer d'étirage, c'est-à-dire de glissement des fibres les unes sur les autres qui pourraient déterminer des irrégularités nuisibles.

Les frottoirs ou chapeaux de propreté qui reposent sur les presseurs ou s'appuient contre les fournisseurs, doivent toujours être maintenus en parfait état de propreté et constamment débarrassés des poussières qui s'y accumulent.

Banc à broches.

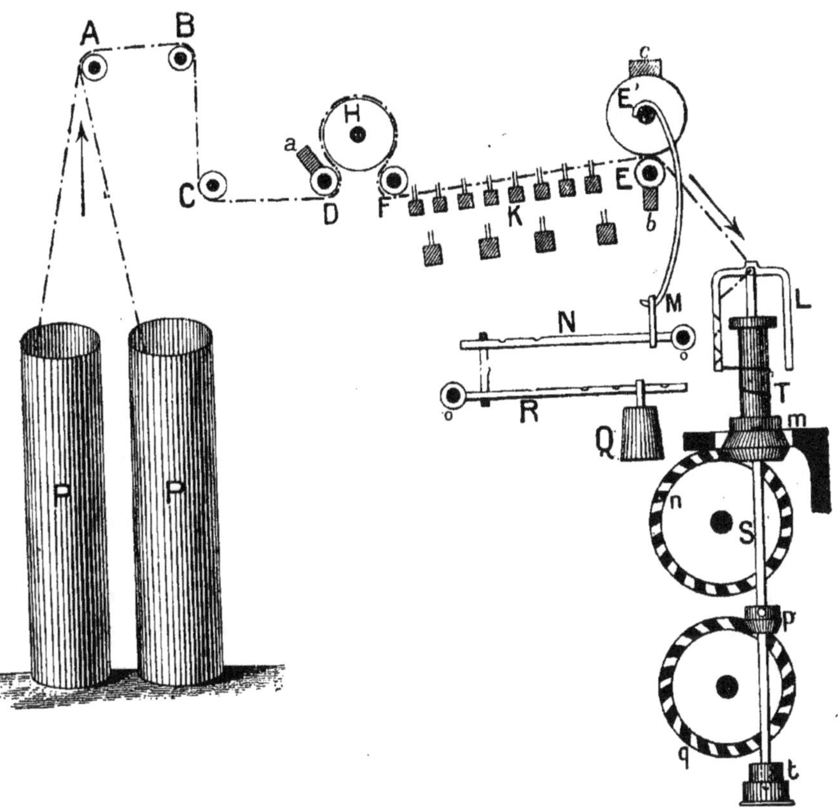

Fig. 118.

A B C Rouleaux du ratelier.
D Cylindre alimentaire.
H Rouleau de pression.
F Cylindre fournisseur.
K Barettes de gills.
E Cylindre étireur.
E' Rouleau de pression.
a b c Garnitures en panne verte.
M
S Broche pivotant en *t* surmontée de l'ailette L.
T Bobine folle sur la broche actionnée par *m* et *n*.
Q Contre-poids pour la pression sur l'étireur E.
P Pots.

CHAPITRE VII

BANC A BROCHES

Les rubans, en sortant des machines dites *étirages*, passent sur une autre, appelée *banc à broches* qui a trois fonctions à remplir :

1° Continuer à les *étirer*;

2° Leur donner une *légère torsion* pour augmenter leur résistance ;

3° Les *enrouler* sur une *bobine*, de façon à faciliter leur déroulement au métier à filer.

Le banc à broches représenté fig. 106 n'est autre chose qu'un étirage auquel l'on a ajouté un mécanisme spécial qui permet de tordre les mèches et de les enrouler en même temps sur des bobines.

Les rubans venant de l'étirage fig. 118 se dévident des pots P, passent sur les guides A et B, puis sous celui C, pour de là s'engager entre les cylindres D, H, F (F est le fournisseur ; H exerce sur lui une pression par son poids). Enfin les rubans, après être passés entre les cylindres E et E′ (lesquels reçoivent une pression par leviers, comme l'indique la figure 118), viennent s'enrouler sur l'une des branches des ailettes (l'autre branche ne sert qu'à établir l'équilibre de l'ailette), pour finalement s'envider en hélice sur les bobinots en bois T. Entre les cylindres fournisseurs et étireurs, se trouve un jeu de barettes de gills destiné à paralléliser les fibres absolument comme dans la machine à étaler et les étirages.

Le mouvement de rotation des broches et des ailettes est uniforme ; il a pour but de donner aux mèches sortant des cylindres la torsion, en les faisant pivoter sur le sommet des ailettes. Pour que l'enroulement puisse s'effectuer régulièrement sur la bobine T, on lui imprime au moyen d'une roue *n*, un mouvement de rotation, en même temps que le chariot sur lequel reposent les bobines a un mouvement alternatif de montée et de descente. Le mouvement de rotation transmis par la roue *n* doit être variable, car il faut que la longueur de mèche fournie par les cylindres dans un temps donné soit constamment et complètement absorbée par les bobines dans le même temps. Or, à mesure que la mèche s'enroule sur la bobine, le diamètre de celle-ci augmente, et comme la vitesse de l'ailette reste uniforme, la bobine devra être animée d'un mouvement de rotation variable avec son diamètre, et tel que la longueur renvidée soit constante. Ce mouvement de rotation variable de la bobine s'obtient pratiquement à l'aide d'un mécanisme auquel on donne le nom de *mouvement différentiel.*

Le *mouvement différentiel* a donc pour but de faire varier le nombre de tours de la bobine, afin que l'enroulement de la mèche puisse s'effectuer avec une tension constante quel que soit le diamètre sur lequel s'opère l'enroulement.

Le mouvement de *montée et de descente* du chariot a pour but de produire l'enroulement des mèches en hélices et de donner à la bobine une forme convenable qui évite les éboulements. Ce mouvement est obtenu au moyen d'un pignon agissant sur une crémaillère adaptée au chariot ; de plus, par un mécanisme particulier, appelé *bascule*, on varie le sens du mouvement du pignon qui actionne la crémaillère, et par suite on produit le mouvement de monte et baisse du chariot.

En résumé, dans tout banc-à-broches, on a donc à transmettre à la bobine deux mouvements simultanés et variables à chaque nouvelle couche qui y est déposée.

1° Un mouvement de rotation tel que la différence entre ses nombres de tours et ceux de la broche diminue à chaque couche en raison des diamètres successifs de la bobine.

2° Un mouvement ascensionnel vertical et alternatif dont la vitesse diminue en raison des diamètres successifs ou croissants de la bobine. Ces deux mouvements, ou plutôt ces deux points, sont réalisés dans le banc-à-broches dans des conditions mathématiques d'exactitude, par l'emploi des *cônes combinés* et du *mouvement différentiel.*

Du mouvement différentiel.

Il existe plusieurs dispositions de mouvements différentiels : le plus simple consiste (fig. 119 et 120) dans un

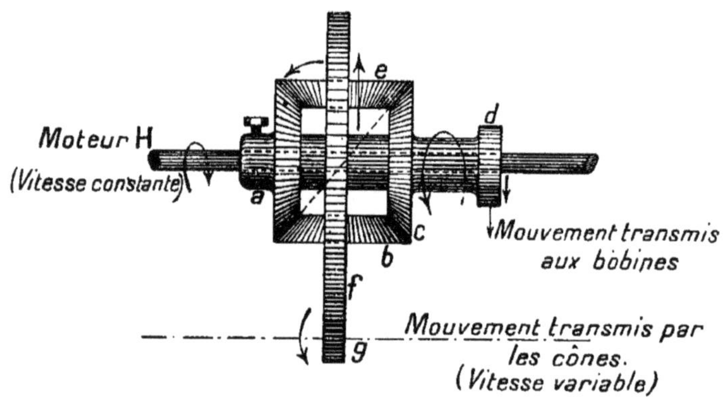

Fig. 119.

assemblage d'engrenages combinés de façon qu'en imprimant à deux roues *a* et *f* du système des mouvements séparés et indépendants l'un *a*, la vitesse constante de l'arbre moteur de la machine, l'autre *f*, la vitesse variable provenant des cônes, on obtient comme résultat le mouvement d'une troisième roue *c*, composé alors, soit de la somme, soit de la différence des deux mouvements primitifs. C'est cette roue qui transmet le mouvement aux bobines. La roue *f*, dite *roue différentielle*, peut être cylindrique ou conique (fig. 119-120). La roue *a* ayant son mouvement sur l'arbre moteur H, engrène avec la roue *e* qui est fixée sur la roue différentielle, et engrène encore avec celle *c* qui fait corps avec le pignon *d* chargé de commander les b bines. Les pignons *b* et *e* qui sont identiques, ne servent qu'à augmenter la solidité du système, mais, à la rigueur, l'un d'eux pourrait être supprimé. Ces pignons coniques *b* et *e* placés dans l'intérieur de la roue différentielle participent à deux mouvements différents : l'un de *rotation* sur eux-mêmes, communiqué

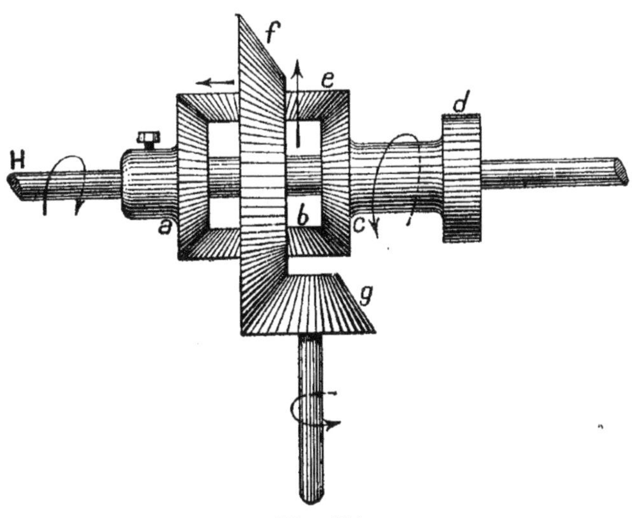

Fig. 120.

par le pignon conique *a*, l'autre de *translation* autour de ce pignon *a*, communiqué par la roue différentielle. Ces deux mouvements combinés ont pour but, chaque fois que la roue différentielle *f* fait un tour, de faire perdre au

Banc à broches (Système *Walker*).

Calculs principaux établis d'après l'épure des commandes de la figure 121.

NOMBRE de dents ou diamètre des organes	DÉSIGNATION des organes	NOMBRE DE TOURS par minute	DÉVELOPPEMENT des cylindres par minute	ETIRAGES
diam. F = 1 pouce 1/2 diam. E = 2 pouces $a = 50$ $b = 63$ $c = 59$ $d = 42$ $e = 24$ $f = 60$ $g = 25$ $h = 74$ $k = 32$	Poulie motrice P.	V = 128 tours.		
	Cylindre fournisseur P.	$V \times \frac{a \times c \times e \times g}{b \times d \times f \times h} = \frac{128 \times 50 \times 59 \times 24 \times 25}{63 \times 42 \times 60 \times 74} = 19$ t. 26.	Cylindre fournisseur $1,5 \times 3,1416 \times 19,26 = 90$ p. 71.	Etirage entre E et F à l'aide des développements. $\frac{637,94}{90,71} = 7,03$
	Cylindre étireur E.	$V \times \frac{a}{b} = \frac{128 \times 50}{63} = 101$ t. 5.	Cylindre étireur $2 \times 3,1416 \times 101,5 = 637$ p. 74.	Etirage entre E et F, en opérant par les commandés et les commandeurs.
	Arbre des vis.	$V \times \frac{a \times c}{b \times d} = \frac{128 \times 50 \times 59}{63 \times 42} = 142$ t. 5.		$\frac{2p \times 42 \times 60 \times 74}{1p5 \times 59 \times 24 \times 25} = 7,02$
	Vis de commande des barrettes.	$V \times \frac{a \times c \times k}{b \times d \times l} = \frac{128 \times 50 \times 59 \times 32}{63 \times 42 \times 22} = 207$ t. 1.		
$l = 22$ $m = 34$ $n = 70$ $p = 20$ $q = 28$ $r = 58$ $s = 26$ $t = 72$ $v = 7$ $x = 61$ $a' = 32$ $b' = 21$ $c' = 42$ $d' = 22$ $e' = 32$ $f' = 21$ $g' = 20$ $h' = 96$ $k' =$	Vitesse cône sup.	$128 \times \frac{50}{34} = 188$ t. 23.		
	» » inf.	$128 \times \frac{50 \times 6}{34 \times 3} = 376$ t. 47.		
	Vitesse des broches.	$V \times \frac{c' \times e'}{d' \times f'} = \frac{128 \times 42 \times 32}{22 \times 21} = 372$ t. 3.		
	Vitesse de la roue différentielle.	$V \times \frac{a \times 6p \times p \times g'}{m \times 3p \times nh'} = \frac{128 \times 50 \times 6 \times 21 \times 20}{34 \times 3 \times 70 \times 96} = 22$ t. 7. (puisque chaque tour de la roue différentielle fait perdre 2 t. à l'engrenage k' sur l'arbre moteur, on peut écrire :		
	Nombre de tours perdus.	22 t. 7 × 2 = 45 t. 4.		
	Vitesse de la boîte.	K' = 128 t. — 45 t. 4 = 82 t. 6.		
	Vitesse des bobines ou plateaux à la dernière course sera alors	$\frac{82 \text{ t. } 6 \times 63 \times 32}{30 \times 21} = 264$ t. 3.		
	Torsion par la vitesse des broches.	=	$\frac{372 \text{ t. } 3}{637 \text{ p. } 74} = 0,58$ par pouce.	
	Vitesse de monte et baisse du chariot ou (arbre K)	$= \frac{128 \times 50 \times 6 \times 20 \times 28 \times 24 \times 7}{34 \times 3 \times 70 \times 58 \times 72 \times 61} = 1$ t. 98.		
	Absorption du banc =	Développement fournisseur × par nombre de broches (60 par ex.)	= 90 p. 71 × 60 = 5442 p. 6 — — 20 0/0 perte = 5442 p. 6 = = 0,8 × 4374 p. 08.	

pignon *a*, deux des tours que fait pendant le même temps le pignon *d*. Pour expliquer ceci, supposons d'abord que la roue *f* ne tourne pas. Les roues *b* et *e* joueront alors le rôle d'intermédiaires et transmettront à la roue *c* la vitesse intégrale de la roue *a* dans le sens des flèches. Dans ce cas, la bobine tournerait aussi vite que la broche, et de ce fait, il n'y aurait pas de renvidage.

Quand la roue *f* tourne, elle fait dans l'unité de temps moins de tours que la roue *a*. Pour fixer les idées, supposons que la roue *f* fait un tour chaque fois que la roue *a* en fait 10, et décomposons le mouvement pour chaque période de 10 tours, de la façon suivante :

Les roues *f* et *a* font d'abord un tour ensemble, après la roue *f* s'arrête, la roue *a* continuant de tourner pour faire les 9 autres tours. Il est clair qu'au point de vue du retard absolu éprouvé par la roue *c* et par suite le pignon *d*, le résultat sera le même. Or, pendant le tour que les roues *a* et *f* font ensemble, il est évident que les choses se passeront comme si les roues *a*, *b* et *e* étaient solidaires, c'est-à-dire que les roues *b* et *e* n'auraient pas tourné dans leur plan. Leur translation autour de l'arbre aurait pour effet d'entraîner avec elles la roue *c* et de lui faire faire un tour dans le sens contraire à celui qu'elle doit avoir. Quand la roue *f* cessera de tourner, le 1er tour que fera la roue *a* ramènera la roue *c* dans sa position initiale, ensuite de quoi cette roue *a* transmettra intégralement à la roue *c* les 8 tours qui lui restent à faire. Ainsi chaque tour de la roue *f* a pour effet de faire perdre à la roue *c* 2 tours que fait pendant le même temps la roue *a*.

Si donc on désigne d'une façon générale par N le nombre de tours que fait la roue *a* dans l'unité de temps, par *n* celui que fait la roue *f*, le nombre de tours que fait *c* dans l'unité de temps sera :

$$N - 2n.$$

N est constant et égal au nombre de tours que fait l'arbre moteur H ; n est variable, et dépend du diamètre de la bobine.

Banc-à-broches (Système *Walker*).

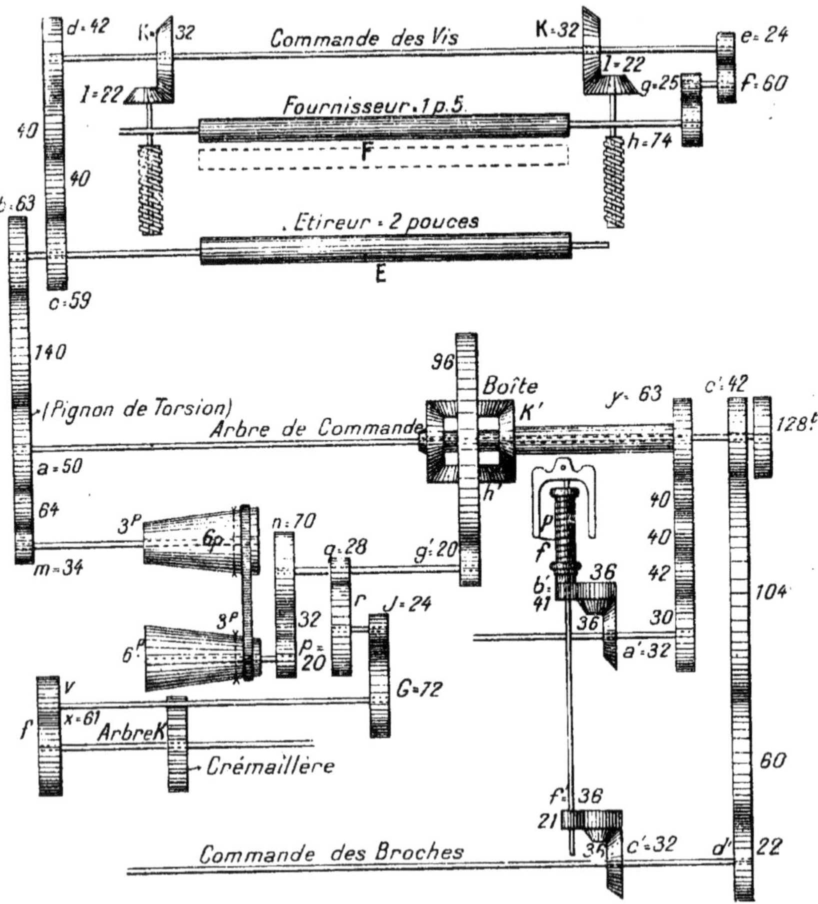

Fig. 121.

Mouvement variable du chariot (Fig. 122).

L'arbre moteur A qui reçoit son mouvement de la

transmission, porte une roue dentée B ; celle-ci, au moyen d'engrenages intermédiaires, commande la roue D calée sur l'arbre de commande des broches. Cet arbre porte autant de pignons coniques *a* qu'il a de broches à faire mouvoir. Chaque pignon *a* commande une broche au moyen de pignons *b*, et il est clair que si la vitesse de la roue B est constante, celle de la broche l'est aussi. L'arbre A porte à l'extrémité opposée à la poulie une roue dentée E ; celle-ci commande au moyen d'engrenages

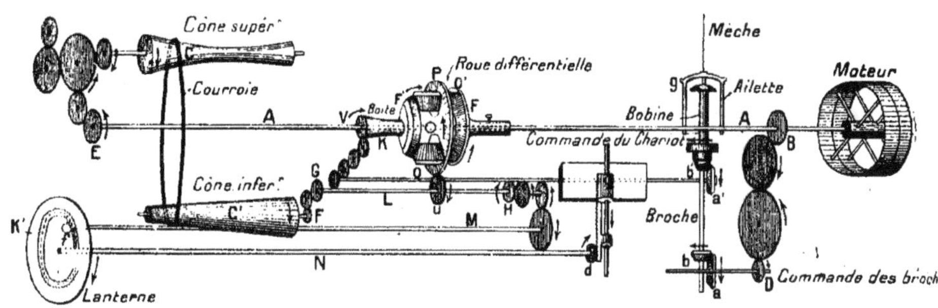

Fig. 122.

intermédiaires un cône C et il est visible que la vitesse de ce cône est aussi constante quand celle de la roue B est constante. — Le cône C commande, au moyen d'une courroie, un autre cône C'. On voit aisément par la disposition de ces cônes que quand on déplace la courroie pour la porter de gauche à droite, la vitesse du cône C restant constante, celle du cône C' doit diminuer puisque le diamètre du cône C diminue tandis que celui du cône C' augmente. Le cône C' porte sur son axe un pignon F lequel, par intermédiaires, transmet le mouvement à l'axe L. — L'axe L porte à son autre extrémité un pignon H qui à son tour commande, au moyen d'intermédiaires, l'axe M. Ce dernier porte à son extrémité gauche un petit pignon *f* commandant une lanterne K'.

Cette lanterne tourne alternativement dans un sens ou dans l'autre suivant que le pignon *f* la commande intérieurement ou extérieurement. L'axe N calé à la lanterne reproduit ces mouvements ; or, il porte des pignons *d* engrenant avec des crémaillères verticales portant le chariot. Donc, suivant que la lanterne tourne dans un sens ou dans l'autre, la crémaillère monte ou descend produisant ainsi le mouvement de monte-et baisse du chariot. — Au fur et à mesure que la courroie avance vers la droite des cônes, le mouvement de la lanterne et par suite celui du chariot devient plus lent. Le chariot, en arrivant à l'une des extrémités de sa course, butte contre un appareil qui déplace la courroie de la quantité voulue.

Mouvement différentiel de la bobine (Fig. 122).

Un manchon terminé par un pignon conique F est calé sur l'arbre A. Le mouvement du pignon F est donc le même que celui de la roue B. Une roue P appelée roue différentielle tourne librement autour de l'arbre A. Elle porte deux pignons coniques Q et Q′ perpendiculaires à son plan et engrènant avec le pignon F. Ces pignons engrènent avec le pignon F′ qui porte un manchon K libre autour de l'arbre A et terminé par la roue V. Cette dernière commande par intermédiaire la roue T et par suite le pignon conique *a′* qui commande la bobine. Quant à la roue différentielle elle est commandée par un pignon *u* placé sur l'axe L et tourne dans le même sens que le pignon V.

Roue différentielle. — Sa vitesse s'obtient en multipliant :

$$= \frac{\text{Vitesse arbre moteur par produit des commandeurs}}{\text{produit des commandés}}.$$

Nombre de tours perdus sur la vitesse de l'arbre moteur :
= (vitesse roue différentielle $\times$ 2) K

Vitesse de la boîte = B (vitesse arbre moteur — K) = M.

$$\text{Vitesse des plateaux des bobines} = \frac{\text{M} \times \text{commandeurs}}{\text{commandés}}.$$

Problème. — Si la courroie qui transmet le mouvement d'un cône à l'autre vient fonctionner à un endroit tel que le cône commandeur ait 3 pouces de diamètre au lieu de 6, et le commandé 6 pouces au lieu de 3, quelle sera la vitesse des plateaux ?

Pour connaître la vitesse des plateaux il suffit de connaître la vitesse de la roue différentielle.

Or la vitesse de la roue différentielle est proportionnelle à la vitesse du cône commandé.

D'un autre côté, la vitesse du cône commandé est proportionnelle au *quotient* du diamètre commandeur par le diamètre commandé.

En effet : Soit V la vitesse constante du cône commandeur, soit a la vitesse du commandé à l'instant où le diamètre commandeur est D et le commandé d, enfin soit b la vitesse du cône commandé à l'instant où le diamètre commandeur est D′ et le commandé d', on peut écrire les deux équations suivantes :

$$a \times d = V \times D \quad \text{ou} \quad a = V \times \frac{D}{d}$$

$$b \times d' = V \times D' \quad \text{ou} \quad b = V \times \frac{D'}{d'}$$

Ces deux équations expriment que la transmission du mouvement est établie entre les deux cônes, sans glissement de la courroie.

On en déduit par quotient :

$$\frac{a}{b} = \frac{\frac{D}{d}}{\frac{D'}{d'}}$$

De tout ce qui précède, il résulte que : La vitesse de la roue différentielle est *proportionnelle* au QUOTIENT du *diamètre commandeur par le diamètre commandé.* En appelant V la vitesse cherchée de la roue différentielle, correspondante aux diamètres : Commandeur 3, commandé 6, on aura :

$$\frac{V}{22,7} = \frac{\frac{3}{6}}{\frac{6}{3}}, \quad V = 22,7 \times \frac{9}{36} = 5 \text{ t. } 675$$

Nous avons admis qu'aux diamètres commandeur 6, commandé 3, correspondait la vitesse 22 t. 7 de la roue différentielle.

On pourrait donc résumer ainsi la méthode rapide pour trouver la vitesse de la roue différentielle, correspondant à des diamètres quelconques lorsque l'on connaît la vitesse correspondante à des diamètres donnés :

On multiplie la vitesse connue par le quotient : obtenu en divisant le nouveau diamètre commandeur par le nouveau diamètre commandé, et on divise le tout par le quotient obtenu en divisant l'ancien diamètre commandeur par l'ancien commandé ; le résultat final est la vitesse cherchée.

La lanterne fig. 123 se compose d'un plateau A calé sur l'arbre H et portant une denture x formée de fuseaux, mais interrompue de m en n. Un petit pignon u est porté par un arbre G, guidé de manière à pouvoir se déplacer pour permettre au pignon de se trouver soit à l'intérieur, soit à l'extérieur de la denture x. Une rainure c, pratiquée dans le plateau, maintient l'extrémité de l'arbre G pour obliger le pignon u à rester toujours en prise

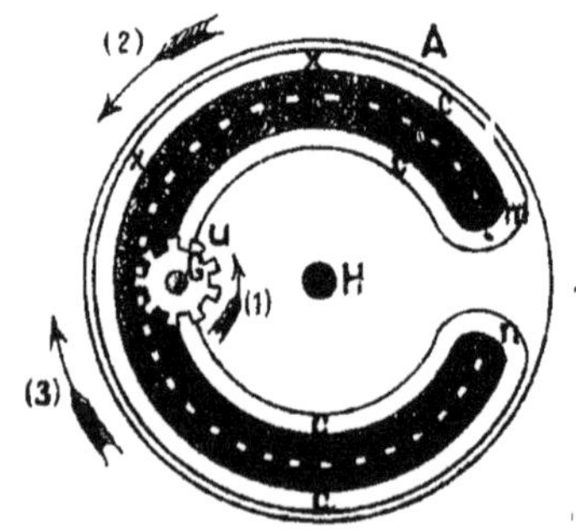

Fig. 123.

avec les dents. Le pignon étant à l'intérieur de la denture et tournant dans le sens de la flèche (1) fait tourner le plateau comme l'indique la flèche (2) jusqu'au moment où il se trouve en prise avec la dernière dent *m*. Il tourne alors autour de cette dent pour se placer à l'extérieur et communiquer au plateau une rotation de sens contraire, comme l'indique la flèche (3), jusqu'à ce qu'il arrive à la dent *n* autour de laquelle il tourne de nouveau à l'intérieur de la lanterne, et ainsi de suite. La durée de rotation dans un sens se compose du temps qu'emploie le pignon de *u* dents à faire avancer les *x* dents de la lanterne, augmentée de celui qu'il met à faire un demi-tour pour passer d'un côté à l'autre de la denture. La lanterne donne au chariot un mouvement qui n'est pas *uniforme* ; il se produit un ralentissement pendant que le pignon engrène au bout des dents extrêmes, ce qui nuit à la régularité de la bobine. Le pignon doit avoir un faible diamètre ce qui cause son usure rapide et son remplacement est assez difficile.

Pour éviter ces inconvénients, plusieurs constructeurs ont adopté un mouvement de bascule. Voici celui qui a été construit par M. Lawson de Leeds.

Mouvement de bascule de *Lawson* (Fig. 124-125).

Un arbre commandé par le cône inférieur porte un pignon A, il actionne un autre pignon égal à C par les roues B et B′ ; les deux pignons tournent avec des vitesses égales, mais en sens contraire l'un de l'autre. Entre eux se trouve une roue D calée sur un arbre dont l'autre extrémité est reliée au moyen de roues avec l'arbre de commande des crémaillères du chariot. Sur la figure, la roue D est en prise avec le pignon A et le chariot s'est abaissé entraînant avec lui les deux taquets R et R′. L'arbre de la roue D est maintenu par une douille formée par une pièce E, mobile autour du tourillon *o*, mais qui est retenue par le cliquet K′ qui ne lui permet aucun mouvement. Sur le même tourillon O est montée une seconde pièce M aux deux oreilles de laquelle sont suspendus, au moyen de chaînettes, les poids P et P′. Les crochets H et H′ qui soutiennent ces poids, traversent les oreilles G et G′ de la pièce E. La pièce M s'inclinant sous l'action

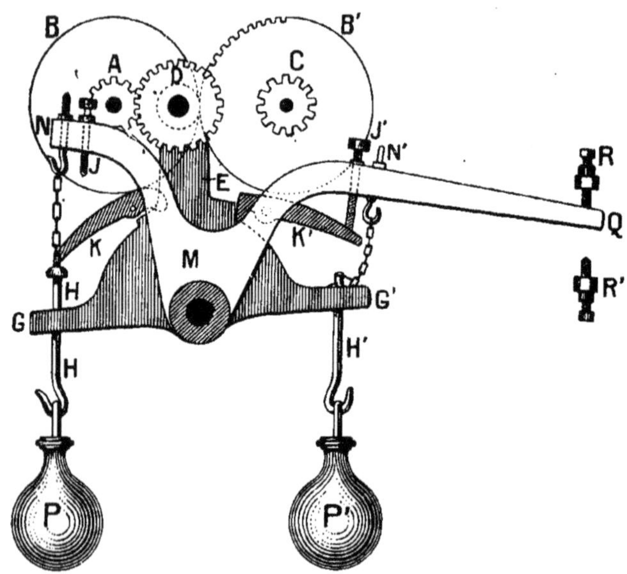

Fig. 124.

du taquet R, soulève le poids P qui cesse d'agir sur la pièce E tandis que le poids P′ s'y appuie et tend à le faire tourner vers la droite. La pièce M porte en outre une vis J′ qui, lorsqu'elle a acquis une inclinaison suffisante, rencontre la queue du cliquet K′ et le relève aussitôt qu'il s'est soulevé au-dessus de l'encoche dans laquelle il était pris, la pièce E, cessant d'être retenue, bascule sous l'action du poids P'. La roue D abandonne le pignon A, et vient en prise avec le pignon C qui lui transmet une rotation en sens contraire. Le chariot s'abaisse alors jusqu'à ce que le même jeu se produise, les vis J venant

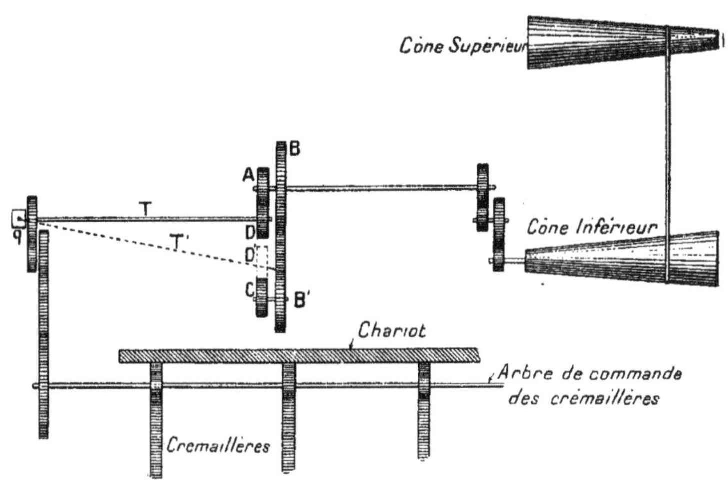

Fig. 125.

soulever le cliquet K qui, maintenant retient la pièce E, tandis que le poids P tend à la faire basculer vers la gauche.

Mouvement de la bascule de *Combe*.

Le mouvement de bascule adopté par le constructeur *Combe* (à Belfast), est plus simple que celui de Lawson. Il occupe dans les machines la place où se trouvait la lanterne et est représenté sur la figure 126.

La roue B est calée à l'extrémité de l'arbre G (fig. 123 de la lanterne) et remplace le pignon *u*. Près de cette roue, l'arbre est maintenu par une douille qui termine

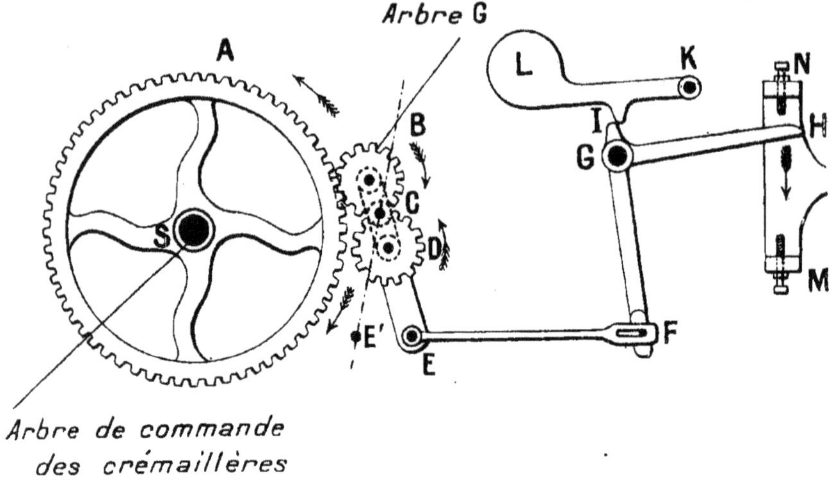

Fig. 126.

la partie supérieure du levier CE, mobile autour d'un tourillon fixe C. La roue D, dont le nombre des dents est égal à celui de la roue B, engrène avec cette roue et tourne librement sur un tourillon boulonné au levier. Les deux roues B et D tournent donc avec des vitesses égales, mais de sens contraires.

La roue A commande l'arbre moteur S du chariot, soit en étant calé directement à son extrémité, soit en agissant sur lui par un pignon et une seconde roue.

Les deux roues B et D se trouvent à proximité de la roue A, de manière à ce qu'elles ne puissent jamais engrener les deux à la fois avec elle, mais de façon à ce qu'en déplaçant le levier CE, on puisse les amener l'une ou l'autre en prise avec la roue A. Dans la position que représente la figure **126**, la roue B actionne la roue A, et lui transmet une rotation d'un certain sens. En reculant l'extrémité E du levier vers la gauche, on écarterait la roue B qui cesserait d'agir, mais immédiatement après la roue D viendrait en prise avec cette roue A, et lui ferait prendre une rotation de même vitesse que la précédente, mais de sens contraire. Ce sont donc les mouvements de ce levier CE qui détermineront les changements dans le sens du chariot.

Ces mouvements sont déterminés par le levier coudé FGH, mobile autour d'un tourillon fixe G, et dont l'extrémité H est rencontrée par l'un ou l'autre des taquets M ou N que le chariot entraîne dans ses mouvements de montée ou de descente.

Dans la position que représente la figure, le chariot est en train de descendre : la vis que porte le taquet N va rencontrer l'extrémité H du levier coudé, et l'abaisser, obligeant son autre extrémité F à reculer vers la gauche; le tourillon que porte ce bras de levier glisse alors dans une rainure que présente la bielle EF qui relie le levier coudé au levier CE. En même temps, la dent I que le levier coudé porte à sa partie supérieure, soulève une dent semblable I portée par un levier KL, mobile autour d'un tourillon fixe K, et chargé par une masse de fonte à son extrémité L. Aussitôt que, par cette action, le levier coudé dépasse sa position moyenne, la dent I retombe de l'autre côté de la dent de G, et sous l'action du poids L, oblige cette dent ainsi que le levier coudé tout entier, à achever brusquement sa course. Le tourillon F qui était arrivé à l'extrémité de la rainure de la bielle, repousse cette bielle qui détermine le mouvement du levier CE et le changement du sens de la rotation de la roue A ainsi que de la marche du chariot, qui, immédiatement, commence son mouvement de montée.

Lorsque le chariot arrive au haut de sa course, les mêmes effets se produisent en sens inverse. Le réglage de l'appareil se fait très facilement au moyen des vis M et N.

Mode de déplacement de la courroie sur les cônes.

Nous avons dit que le chariot, arrivant à la fin de sa course de montée ou de descente, butte contre un appareil qui déplace la courroie des cônes de la quantité voulue.

Voici la disposition de l'un de ces appareils (fig. 127).

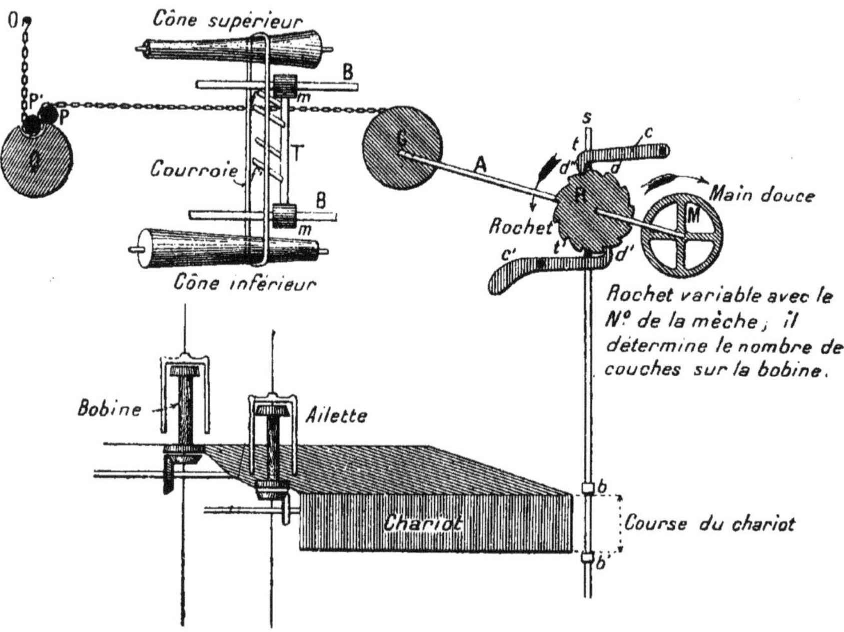

Fig. 127.

Un axe horizontal A perpendiculaire à la direction du banc qu'il traverse, porte deux roues qui lui sont solidaires. L'une est la roue à rochet R, l'autre la poulie à gorge hélicoïdale G. Autour de cette poulie est enroulée une chaîne fixée à la tige verticale T. Une autre chaîne fixée aussi à la tige T va passer sur deux petites poulies *P* et *P'* et se fixer en O. La poulie *P* tourne autour d'un axe fixé au banc, la poulie *P'* est fixée à l'intérieur d'un poids Q. La chaîne est ensuite fixée au banc au point O. La tige T est terminée à chaque extrémité par un manchon *m* glissant à frottement doux sur les axes horizontaux B parallèles au banc. Cette tige porte deux fourches *f* et *f'* entre les branches desquelles se trouve la courroie des cônes. Deux crochets C et C' appuient par leur bec sur le profil des dents de la roue R. Ils sont disposés de façon que quand un crochet arrête une dent, le bec de l'autre se trouve au milieu d'une dent opposée de la roue R. Le crochet supérieur agit par son propre poids ; le crochet inférieur par celui de sa partie gauche qui fait levier. Une tringle verticale S porte deux petits taquets *t* et *t'* plus deux bagues fixes *b* et *b'* distantes l'une de l'autre d'une quantité égale à la course du chariot. Cette tringle passe à travers un petit buttoir fixé au chariot et situé entre les bagues *bb'*.

La figure représente le chariot arrivé presque au haut de sa course. A ce moment le buttoir vient presser contre la bague supérieure et soulever au moyen du taquet *t* le crochet *c*. La dent *d* de la roue R se trouve ainsi dégagée Le poids Q tirant la chaîne fait avancer la courroie vers la gauche, faisant en même temps tourner tout le système de l'axe A. Mais la roue R ayant tourné d'une demi-dent, se trouve arrêtée à la dent *d'* par le crochet *c'*. Elle cesse de tourner jusqu'au moment où le buttoir allant presser la bague inférieure, dégage la dent *d'*. Le bec du crochet supérieur est alors au milieu de la dent *d'*. La roue R tourne donc encore d'une demi-dent, laissant avancer la courroie d'une quantité égale à la précédente et ainsi de suite à chaque course. Quant au nombre de dents de la roue R, il est variable et dépend du déplacement à donner à la courroie, déplacement qui, à son tour, dépend du n° de la mèche. Quand la bobine est pleine, une roue M appelée main-douce permet de ramener la courroie à sa position initiale pour recommencer une autre bobine.

Nota. — La poulie à gorge hélicoïdale G est souvent remplacée par un pignon *G* (fig. 128), qui actionne une

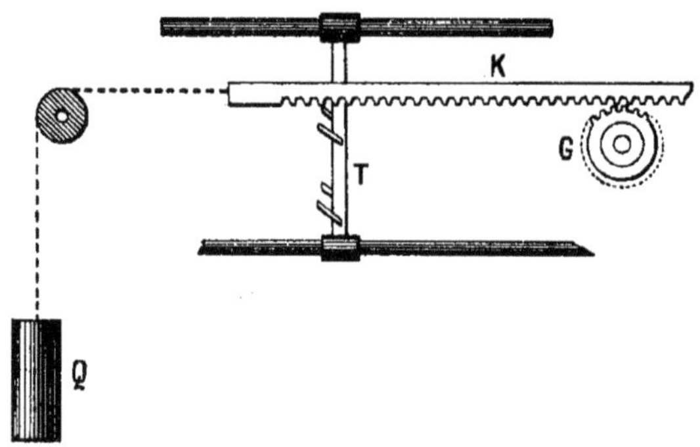

Fig. 128.

crémaillère telle que K. Celle-ci reliée au guide-courroie T produit donc les déplacements successifs de la courroie comme dans la disposition précédente.

Divers appareils employés à produire la vitesse variable des bobines dans le banc à broches.

Nous avons vu que dans les bancs-à-broches, les mèches après avoir été tordues par les ailettes doivent s'enrouler autour des bobines. Il faut pour cela que les bobines tournent plus vite ou plus lentement que les ailettes, mais toujours de manière à ce que la différence entre le nombre de tours effectués par les organes, multipliée par la circonférence de la bobine soit égale à la longueur de mèche à enrouler.

Pour réaliser les mouvements que nécessite le renvidage des mèches pour remplir les conditions ci-dessus, il est nécessaire d'employer des mécanismes spéciaux.

Ceux que l on utilise généralement peuvent se ramener tous aux types de cônes ou de plateaux de friction et doivent toujours produire une vitesse variable en raison inverse du diamètre de la bobine, lequel croît de quantités égales après la formation de chaque couche.

Premier type. — Une poulie commandant un cône (Syst. *Houldsworth*).

Cette disposition d'une poulie commandant un cône présente cet inconvénient que la longueur de la courroie doit varier chaque fois qu'elle se déplace, de sorte qu'on

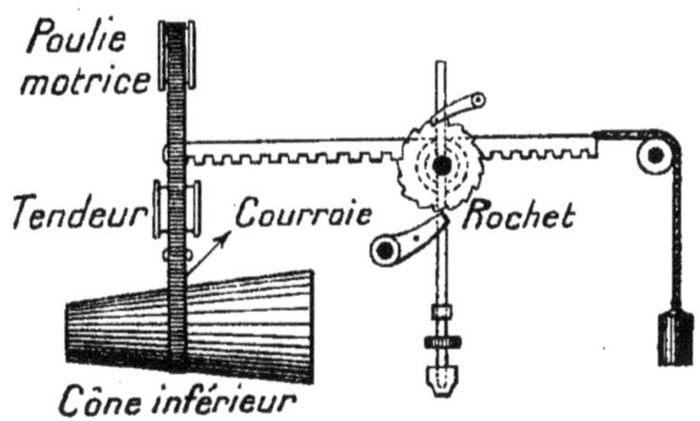

Fig. 129.

est obligé soit de déplacer le cône inférieur, soit de donner à son axe une position oblique, ou encore de disposer un tendeur agissant sur la courroie (ainsi que l'indiquent les figures **129-130-131**). Elle avait été presque généralement abandonnée dans la construction des bancs-

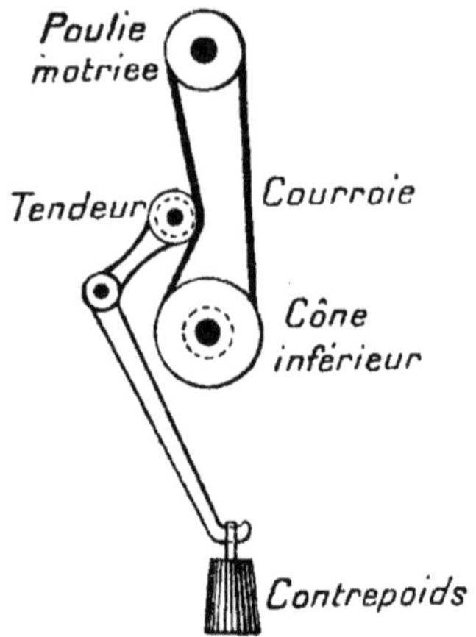

Fig. 130.

à-broches, jusqu'au moment où elle fut reprise sous une autre forme par Combe qui remplace le cône unique par

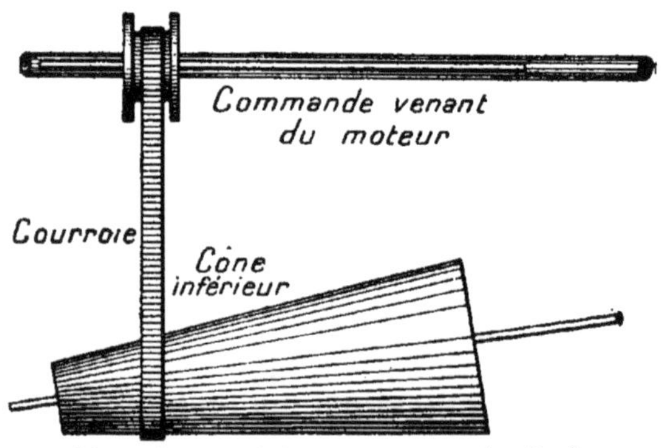

Fig. 131.

deux cônes C et C′ opposés par le sommet (fig. **132**). Ces cônes sont découpés en fuseaux, de manière à pouvoir pénétrer l'un dans l'autre, et à former ainsi une poulie à gorge extensible qu'enveloppe une corde sans fin, commandée par la poulie motrice, munie, elle aussi d'une gorge. Rapprocher ou éloigner les deux cônes l'un de l'autre revient uniquement à reculer d'une quantité moi-

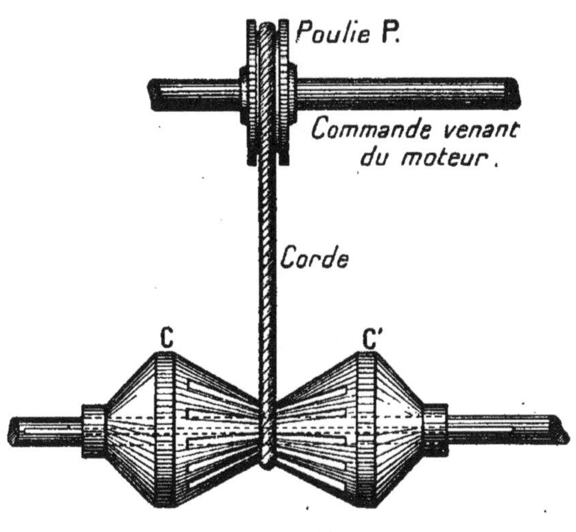

Fig. 132.

tié moindre la corde vers la base ou vers le sommet de l'un d'eux. Il faut donc, comme dans le cas précédent, qu'après chaque course du chariot, les deux cônes se rapprochent l'un de l'autre, et toujours de la même quantité. L'arbre qui porte ce double cône est maintenu dans un châssis qui se relève chaque fois que les cônes se rapprochent.

Deuxième type. — Deux cônes se commandant l'un l'autre (Système *Lawson*).

Pour faire disparaître l'inconvénient qui résulte des variations de longueur de la courroie, on remplace le cône unique par deux cônes qui se commandent, soit au moyen d'une courroie sans tendeur, soit à l'aide d'un galet de friction.

Les cônes employés dans la pratique sont de deux

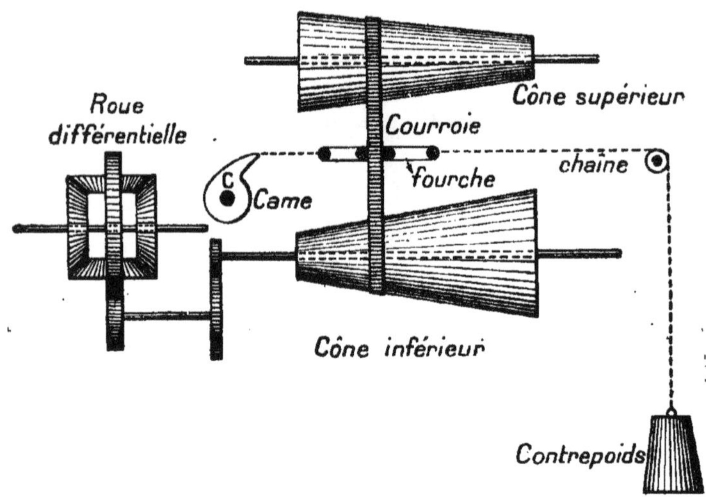

Fig. 133.

genres. On les désigne sous les noms de cônes droits (fig. 133), et cônes hyperboliques (fig. 134).

Le déplacement de la courroie dans le dispositif à cônes droits s'obtient généralement en reliant la fourche guide-courroie à une came (dont le profil est une spirale) tournant d'angles égaux pour dérouler la chaîne après chaque couche de mèche.

Ce genre de came sur laquelle s'enroule la chaîne guide-courroie est nécessité par ce fait que la courroie, pour chaque couche de mèche, ne se déplace pas de quantités égales.

La rotation de cette came se produit comme dans les dispositions que nous avons déjà indiquées, c'est-à-dire à l'aide d'un rochet que met en mouvement à sa montée et à sa descente le chariot.

Remarque. — Dans les bancs-à-broches commandés par cônes et courroies, pour peu que la courroie vienne à s'allonger, il se produit des glissements qui ont pour effet d'occasionner un étirage accidentel, et même quelquefois une rupture de mèches. Ces glissements se produisent surtout au moment de la mise en marche des machines ; les broches qui sont commandées par engrenages, prennent alors immédiatement leur vitesse, tandis que les bobines restent en retard par suite des glissements ; le retard des bobines et par suite l'envidage de

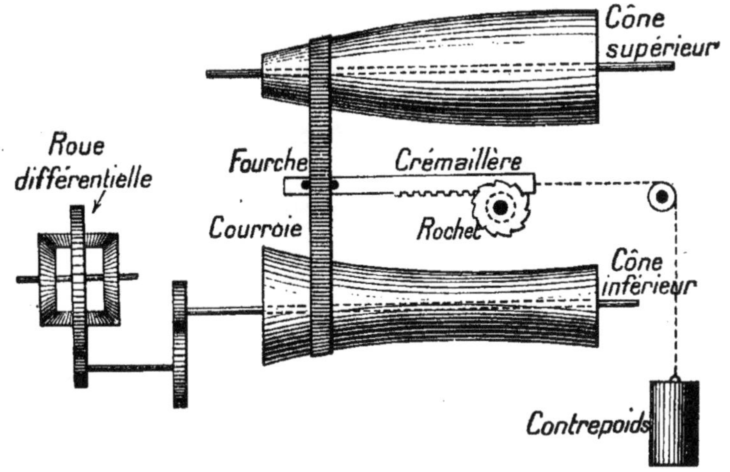

Fig. 134. — Commande de 2 cônes à profil hyperbolique par courroie (Système *Lawson*).

la mèche devient trop grand, et entraîne les conséquences dont nous venons de parler.

Pour simplifier l'appareil produisant le déplacement de la courroie sur les cônes, on a cherché à modifier ces cônes afin que les déplacements de la courroie soient égaux entre eux quand le diamètre de la bobine augmente. On a eu alors recours aux cônes à profil hyperboliques, dont le dessin fig. 134 donne une idée.

Le déplacement de la courroie s'obtient comme dans le dispositif (fig. 129) à cône unique commandé par une poulie, et que représente en perspective la fig. 127.

Ces cônes hyperboliques s'emploient beaucoup dans

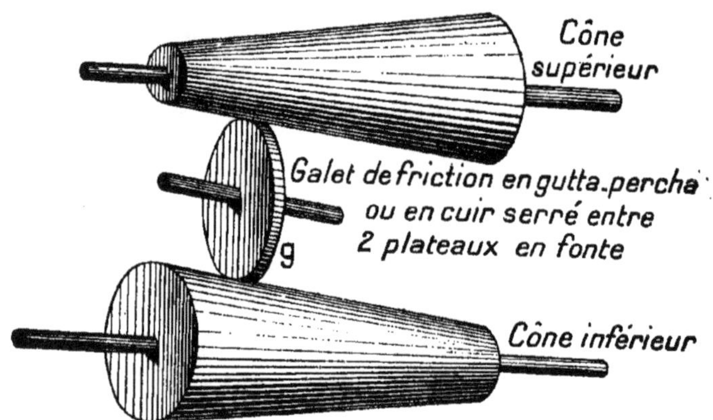

Fig. 135. — Commande de 2 cônes droits ou hyperboliques à l'aide d'un galet de friction (Syst. *Walker*).

la filature du coton, et se retrouvent dans certains bancs-à-broches pour le lin.

Au lieu d'employer une courroie pour transmettre le mouvement d'un cône à l'autre, on peut se servir d'un galet *g* recouvert de cuir (fig. 135). Ce galet tourne fou autour d'un petit axe qui dépend d'une bascule à l'extrémité de laquelle agit un contrepoids pour faire appuyer le galet constamment sur les cônes. C'est le syst. *Walker*.

La variation de vitesse du cône inférieur s'obtient en déplaçant ce galet de friction sur les cônes à l'aide d'un mouvement analogue à celui indiqué sur le dessin de la fig. 133, c'est-à-dire par l'emploi d'une came qui enroule une chaîne en tirant le galet.

Le galet, dans ce système, produit l'effet d'un engrenage intermédiaire.

Ce dispositif de transmission est simple et n'est pas sujet à de grands dérangements ; il donne à peu de chose près des résultats équivalents au système à deux cônes dont il n'est qu'une modification, mais sur lequel il ne semble pas présenter une amélioration sensible.

Troisième type. — Deux plateaux de friction, dont l'un tourne, entraîné par l'autre (Syst. *Fairbairn*).

Fairbairn fait tourner (fig. 136) le galet D entre deux plateaux, afin d'atténuer le plus possible les glissements. Ces deux plateaux tournent en sens contraire l'un de l'autre et font par suite tourner le galet dans le même sens, c'est-à-dire que leurs effets s'ajoutent.

L'arbre M, recevant la commande du moteur, actionne d'une part l'arbre A, et par suite le plateau C qui est calé sur lui, au moyen des engrenages coniques 1 et 3 ; le même engrenage, d'autre part, actionne l'engrenage 2 solidaire du plateau B, fou sur l'arbre A, et le fait tourner en sens inverse. Ces plateaux B et C qui tournent en sens inverse l'un de l'autre, font tourner par friction le galet D.

Ce galet D peut coulisser sur l'arbre R qui transmet le mouvement variable à la roue différentielle par l'intermédiaire des pignons *a* et *b*.

La variation de vitesse s'obtient ici par le déplacement du galet D entre les plateaux B et C. On voit sur le dessin (fig. 136) que ce déplacement est obtenu en reliant le galet D au levier S par une bielle K. Le galet D porte à cet effet une gorge entre les joues de laquelle agit la bielle K. Le levier S, dont le point d'articulation est en *o*, porte à son extrémité supérieure un galet *g* sur lequel agit une came T.

Le levier L met en mouvement cette came par l'intermédiaire de rochets et de cliquets, comme dans les dispo-

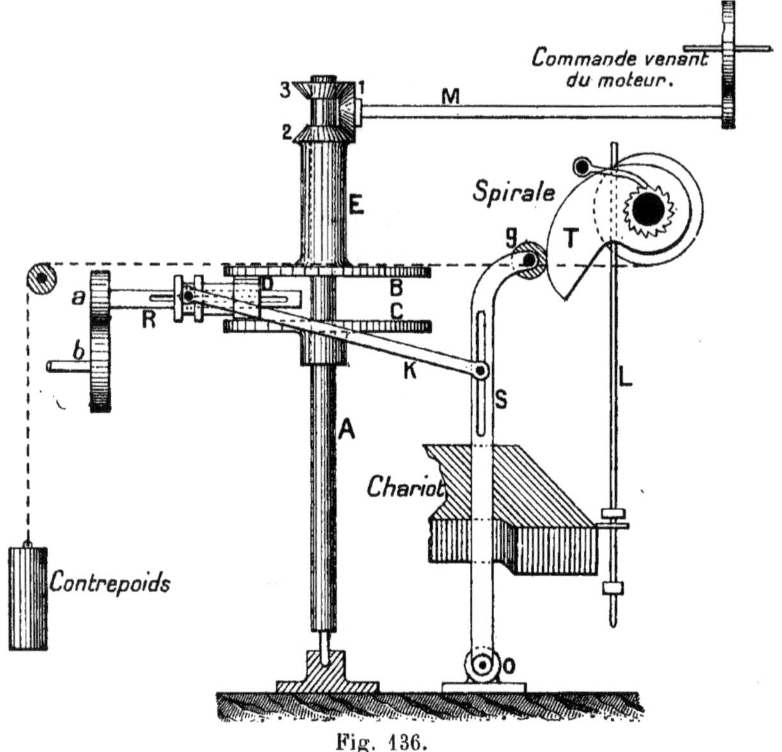

Fig. 136.

sitions qui ont été décrites pour les cônes droits (fig. **127**). On conçoit que la vitesse angulaire du galet D est d'autant plus grande qu'il s'éloigne davantage de l'arbre A.

Le banc-à-broches à plateaux de friction comporte tous les inconvénients de ceux à cônes ; il faut en outre y remplacer souvent le galet dont le diamètre diminue par suite du frottement continuel auquel il est soumis entre les deux plateaux.

Quatrième type. — Un galet se déplaçant sur un cône animé d'un mouvement rotatif
(Syst. *Windsor*).

Le galet *g* recouvert de cuir (fig. 137), est pressé avec une certaine force contre la surface du cône C. Celui-ci est disposé de façon que la génératrice supérieure de

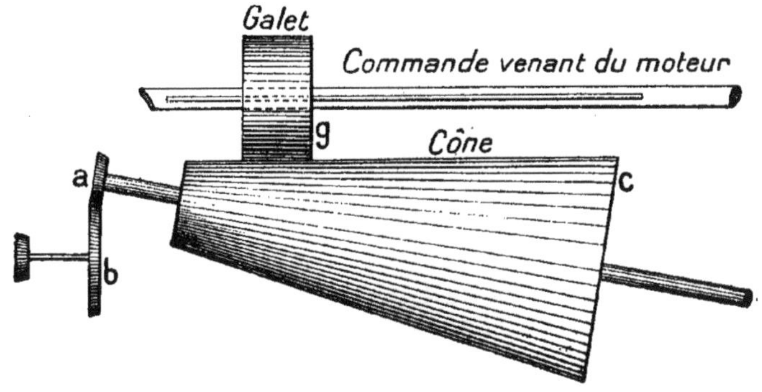

Fig. 137.

contact se trouve sur un plan horizontal ; son axe est par suite naturellement incliné et porte un pignon légèrement cônique qui transmet d'une manière analogue à celle que nous avons vue, le mouvement au chariot et à la roue différentielle.

Cette disposition est encore plus sujette au glissement que les courroies.

Calculs relatifs aux bancs-à-broches.

1° Etirage.

1° Calcul de l'étirage par les engrenages commandés et les commandeurs d'un banc syst. *Walker*.

En appliquant la formule générale et en remplaçant les termes par leur valeur, on aura, la formule générale étant :

$$\text{Etirage} = \frac{\text{Etireur} \times \text{commandés}}{\text{Fournisseur} \times \text{commandeurs}}.$$

$$\text{Etirage} = \frac{2 \text{ p.} \times 42 \times 60 \times 74}{1 \text{ p.} 5 \times 59 \times 24 \times 25} = 7,02 \ (1).$$

Ceci pour un pignon de change $f = 60$ dents. On voit que si f augmente, l'étirage augmente, et que si f diminue, l'étirage diminue.

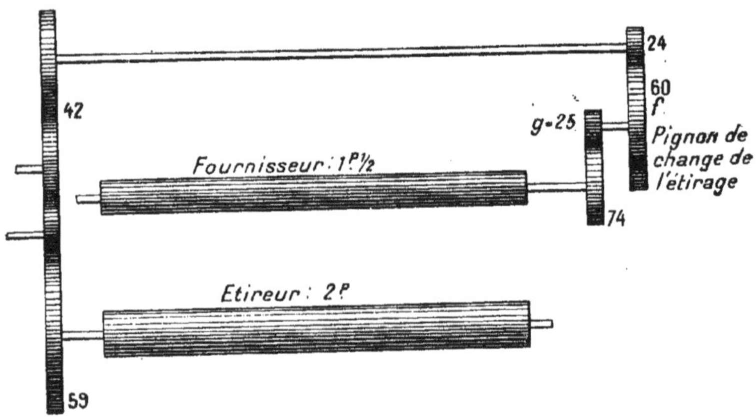

Fig. 138.

On peut déduire le nombre constant en supprimant ce pignon 60 dans la formule ci-dessous, et l'on a :

$$\frac{2 \text{ p.} \times 42 \times 74}{1 \text{ p.} 5 \times 59 \times 24 \times 25} = \text{Nombre constant A}$$

On tire de l'équation (1) :

$$2 \text{ p.} \times 42 \times \text{pignon } 60 \times 74 = \text{étirage } 7,02 \times 1,5 \times 59 \times 24 \times 25$$

D'où l'on déduit :

$$\text{Etirage} = \frac{2\text{ p.} \times 42 \times \text{pignon } 60 \times 74}{1\text{ p.} \ 5 \times 59 \times 24 \times 25} = \text{A} \times \text{pignon}$$

d'étirage 60.

$$\text{Et : pignon d'étirage} = \frac{\text{Etirage}}{\text{Nombre constant A.}}.$$

Donc : Etirage = Nombre constant A × pignon d'étirage.

$$\text{Et : Pignon d'étirage} = \frac{\text{Etirage}}{\text{A}}.$$

Nota. — Les nombres de dents des pignons sont proportionnels aux numéros des cordons à produire, et inversement proportionnels à leur poids.

On peut donc écrire :

$$\frac{\text{Numéro N}}{\text{Numéro N}'} = \frac{\text{Pignon P}}{\text{Pignon P}'}$$

Et :

$$\frac{\text{Pignon P}}{\text{Pignon P}'} = \frac{\text{Poids } a' \text{ du cordon}}{\text{Poids } a \quad \text{»}}$$

Remarque. — L'étirage varie de 15 à 25 pour le lin long, et de 8 à 15 pour le lin coupé. Pour les étoupes, on ne doit pas dépasser 6 à 10.

2° Torsion.

2° Moyen pratique de calculer la torsion. Exemple d'un banc-à-broches système *Walker*.

Règle. — On fait le produit des engrenages commandeurs, en partant du cylindre étireur, pour aller jusqu'à la commande des broches ; puis le produit des engrenages commandés multiplié par le développement du cylindre étireur, et l'on divise le premier produit par le second.

On a d'abord :

développement cyl. étireur = 3,1416 × 2 p. = 6,28

$$\text{D'où : Torsion} = \frac{63 \times 42 \times 32 \times 36}{50 \times 22 \times 36 \times 21 \times 6{,}28} = 0{,}58 \text{ (1)}.$$

La torsion que l'on doit donner à la mèche ne peut bien se régler que par la pratique ; elle est relative au

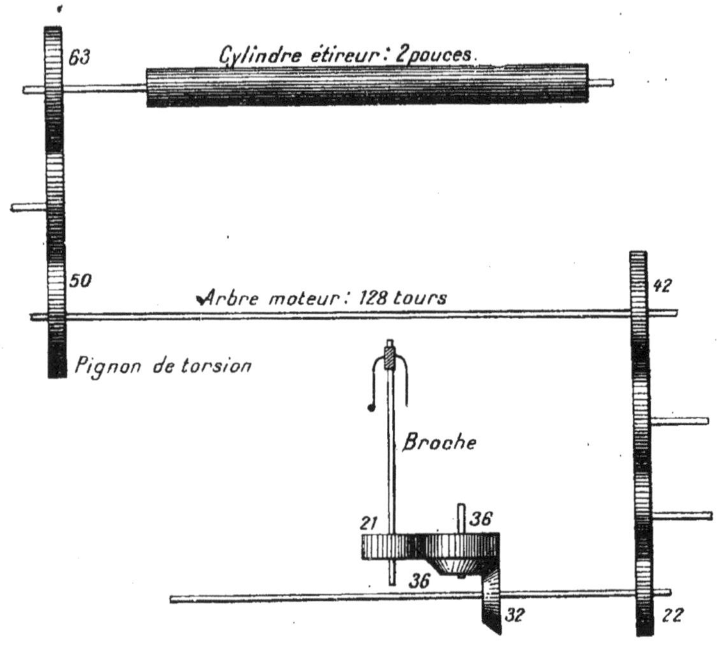

Fig. 139.

numéro de la mèche et doit être aussi faible que possible, assez forte cependant pour permettre de supporter les opérations de la filature, sans qu'il y ait rupture. Une mèche trop tordue ne peut en effet s'étirer avec facilité, et ne produit qu'un fil défectueux.

Détermination du pignon correspondant à une torsion déterminée.

Exemple. — Nous voulons trouver le pignon à mettre dans le banc-à-broches syst. *Walker*, pour obtenir une torsion de 0,58.

De l'équation précédente (1), on déduit :

$$63 \times 42 \times 32 \times 36 = 0{,}58 \times 22 \times 36 \times 21 \times 6{,}28 \times \text{pignon 50 de torsion.}$$

D'où :

$$\frac{63 \times 42 \times 32 \times 36}{0{,}58 \times 22 \times 36 \times 21 \times 6{,}28} = \text{pignon 50 de torsion.}$$

On déduit la règle suivante :

Pour trouver le pignon de torsion correspondant à une certaine torsion, on remplace dans l'équation (1), le pignon de torsion par le nombre de tours de torsion que l'on veut obtenir, et le résultat donnera le pignon de torsion.

On peut opérer avec plus de rapidité en cherchant un nombre constant que l'on obtient en retranchant de l'équation le pignon variable ou le nombre de tours à obtenir ; le quotient que l'on obtient devient un nombre constant qui, étant divisé par le pignon variable, donne la torsion que la mèche recevra avec ce pignon ; et si on le divise par le nombre de tours que l'on veut obtenir pour la torsion de la mèche, on aura le pignon à placer pour produire la torsion.

En retranchant de l'équation (1), le pignon de torsion 50, les termes restants sont fixes, et alors, on aura :

$$\frac{63 \times 42 \times 32 \times 36}{22 \times 36 \times 21 \times 6{,}28} = \text{A (Nombre constant).}$$

On aura alors : $\text{Torsion} = \frac{\text{A}}{50} = 0{,}58.$

Et : $\frac{A}{0,58}$ = Pignon de torsion 50.

Donc : 1° La torsion donnée par unité de longueur = nombre constant divisé par pignon de torsion.

2° Pignon de torsion = nombre constant divisé par torsion que l'on veut donner.

Pour deux cordons recevant des torsions différentes, les pignons varient en raison inverse de la torsion donnée.

Pour une torsion de 0,58, il faut un pignon 50.
» 0,80 » x.

On peut écrire :

$$\frac{50}{x} = \frac{0,80}{0,58}$$

D'où : $x = \frac{50 \times 0,58}{0,80}$.

Nous donnons ci-après un tableau indiquant approximativement la torsion à donner à chaque numéro de mèche par pouce et par décimètre. L'une des colonnes s'applique à la torsion pour le sec, et l'autre à la torsion pour le mouillé.

NUMÉRO de la mèche	TORSION POUR LE SEC		TORSION POUR LE MOUILLÉ	
	par pouce	par décimètre	par pouce	par décimètre
1	0,35	1,38	0,35	1,38
2	0,45	1,77	0,40	1,58
2,5	0,50	1,97	0,50	1,97
3	0,60	2,37	0,55	2,17
3,5	0,70	2,77	0,60	2,37
4	0,80	3,16	0,65	2,56
4,5	0,90	3,55	0,70	2,77
5	1,00	3,95	0,85	3,65
6	1,11	4,38	1,00	3,95
7				

Trouver la torsion par pouce quand on l'a par décimètre, et réciproquement.

On divise la torsion par décimètre par 3,95 ou 4, et l'on a torsion au pouce.

On multiplie torsion par pouce par 3,95 ou 4 pour avoir la torsion au décimètre.

Il y a en effet de 3,95 à 4 p. anglais au décimètre.

Calcul du rochet.

Le rochet a pour but de régler le nombre de courses du chariot pour la formation d'une bobine. Le mouvement en a été étudié dans la bascule de *Lawson*, où nous avons vu que chaque dent correspond à deux courses du chariot.

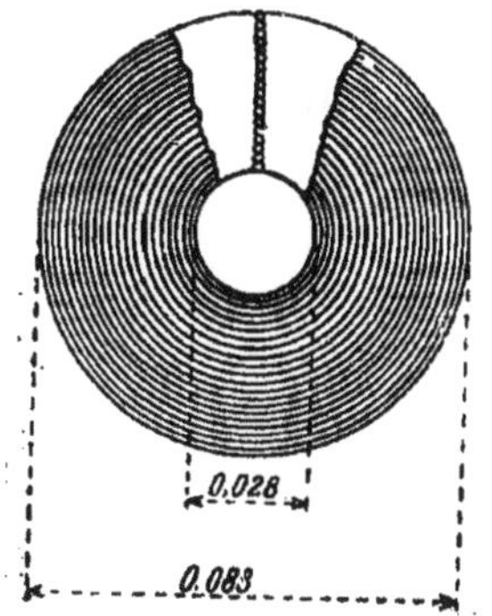

Fig. 140.

Pour faire le calcul du rochet, il est nécessaire de connaître le diamètre ou la grosseur de la mèche que l'on veut enrouler sur la bobine ; le diamètre de la bobine finie, et enfin le diamètre du bobineau.

Ceci étant connu, on retranche le diamètre du bobineau de celui de la bobine finie, et l'on divise le résultat obtenu par la grosseur ou le diamètre de la mèche. On a ainsi le nombre de courses du chariot :

Exemple (fig. 140).

La bobine finie a un diamètre de : 0,083.
Le bobineau » » 0,028.

La mèche a un diamètre de 0,0018.
On a donc :

$$\text{Nombre de courses du chariot} = \frac{0{,}083 - 0{,}028}{0{,}0018} = 30.$$

Or le rochet règle le nombre de courses du chariot. Nous avons vu que chaque dent qui échappe des cliquets correspond à deux courses du chariot.

Par conséquent, s'il est exigé 30 courses, le rochet laissera échapper 15 dents ; il faut donc un rochet de 15 dents, et il suffira qu'il fasse un tour pour produire la bobine.

Problème.

On dispose d'un rochet de 15 dents, et l'on veut faire faire 36 courses au chariot. Quel sera le nombre de tours que devra faire ce rochet ?

On divise la moitié du nombre de courses par le nombre de dents du rochet :

Soit : $\frac{18}{15} = 1$ t. 2.

Problème.

Un rochet de 18 dents est nécessaire pour produire le n° 30. Quel rochet faudra-t-il pour une mèche devant donner le numéro 40.

Les numéros sont proportionnels aux rochets, c'est-à-dire que l'on a :

$$\frac{N}{N'} = \frac{R}{R'} \text{ ou : } \frac{\text{Numéro } 30}{\text{Numéro } 40} = \frac{\text{Rochet } 18}{\text{Rochet } x}$$

On en déduit :

$$x = \frac{18 \times 40}{30} = 24 \text{ dents.}$$

Vitesse de rotation que doivent recevoir les bobines à la 1re course du chariot.

Il faut tout d'abord tenir compte du glissement de la courroie des cônes, glissement qui peut être évalué à 3 0/0.

Pour cela il suffit d'ajouter 3 0/0 à la longueur développée en une minute par les cylindres étireurs, ce qui revient à multiplier cette longueur développée par 1,03.

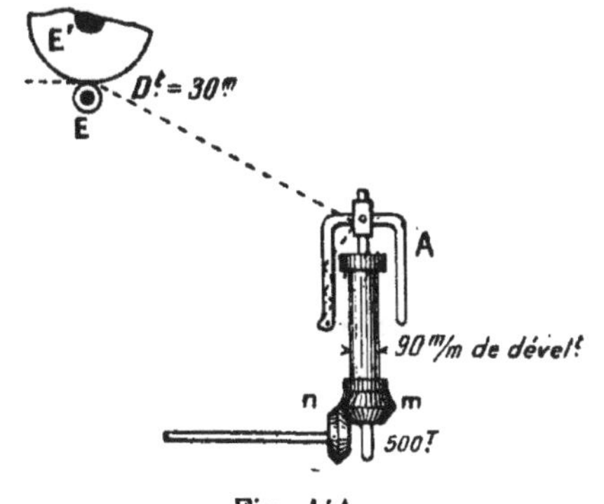

Fig. 141.

On divise ensuite cette longueur par la circonférence du bobineau ; le quotient obtenu représente le nombre de tours à envelopper. On retranche ensuite ce nombre de tours de la vitesse des broches ; le reste est la vitesse de rotation que doivent recevoir les bobines.

Exemple (fig. 141).

Le cylindre étireur d'un banc-à-broches développe 30 mètres par minute ; la broche de ce banc fait 500 tours par minute le : bobineau sur lequel on veut enrouler la mèche a 90 m/m de circonférence. Quelle sera la vitesse que devra recevoir cette bobine à la première course, pour absorber la longueur de mèche développée par le cylindre étireur.

En appliquant la règle ci-dessus, on aura :

Développement pratique de l'étireur en une minute :

$$30 \times 1,03 = 30 \text{ m. } 90.$$

Nombre de tours à envelopper :

$$\frac{30 \text{ m. } 90}{0,09} = 343 \text{ tours } 33.$$

Vitesse à donner à la bobine :

$$500 \text{ t.} - 343 \text{ t. } 33 = 156 \text{ t. } 67.$$

Calcul de la production d'un banc-à-broches pour le lin.

Le nombre de tours de broches est par minute de 381 t. 818, et la torsion de 0 t. 8141 par pouce. Quelle est la production en 12 heures, la mèche étant au numéro 4,5.

Le nombre de pouces produit en 1 minute, est :

$$\frac{381 \text{ t. } 818}{0,8141} = 469 \text{ p. } 006.$$

En 12 heures, ou $60 \times 12 = 720'$, elle sera :

$$469 \text{ p.} \times 720' = 337.680 \text{ pouces.}$$

Pratiquement, ce nombre se réduit de 15 0/0 et devient :

$$337.680 \times 0,85 = 287.028 \text{ pouces.}$$

La valeur en poids peut se trouver facilement en sachant que 4 fois 1/2 300 yards, ou : 300×36 pouces × 4,5 pèsent 453 grammes (1 yard = 36 pouces). On a la proportion suivante :

$$\frac{469 \text{ p.} \times 1}{x} = \frac{4,5 \times 300 \times 36}{0,453}$$

D'où $x = \frac{469 \text{ p. } 1 \times 0,453}{4,5 \times 300 \times 36} = 0$ gr. 4372, production par minute ; par jour, elle sera :

0 gr. 4372 × 720′ = 314 gr. 784.

Il faut en retrancher environ 15 0/0 pour pertes de temps. La production devient donc :

314 gr. 784 × 0,85 = 267 gr. 56 par broche.

Nombre de levées par jour.

Nous venons de voir que la longueur produite par broche et par jour, est pratiquement de 287.028 pouces.

On obtiendra le nombre de bobines produites, en divisant cette longueur par celle d'une bobine, on en déduira ensuite facilement le nombre de levées.

Moyen pratique de calculer la production d'un banc-à-broches pour le lin (Banc de 60 bobines, par ex.).

Le moyen le plus simple à employer pour trouver la production d'un banc-à-broches, est le suivant :

1° On pèse un certain nombre de bobines vides ; soit 20 bobines 1 kg. 500.

2° On pèse un certain nombre de bobines pleines ; soit 20 bobines 5 kg.

3° On observe, à l'aide d'une montre le temps nécessaire à la production d'une bobine complète, soit 30 minutes.

4° On observe à la montre également, la durée d'une levée, soit 7 minutes.

5° On prend le nombre total des bobines du banc.

On raisonne alors de la manière suivante :

1° Les 20 bobines renferment : 5 k. — 1 k. 500 = 3 k. 500 de matière envidée.

Donc 1 bobine renferme : $\frac{3\text{ k. }500}{20}$.

Et 60 bobines, ou le banc complet :

$$\frac{3\text{ k. }500 \times 60}{20} = 10\text{ k. }500.$$

2° Le temps de la production des 60 bobines = 30 + 7 = 37 minutes.

3° La journée étant de 10 heures par exemple, ou 10 × 60 minutes = 600 minutes, on fera :

$$\frac{600}{37} = 16 \text{ levées (pratiquement).}$$

4° Donc la production sera :

$$10\text{ k. }500 \times 16 = 168\text{ kg.}$$

Vérification de la mèche du banc-à-broches.

Supposons que le banc-à-broches étire la mèche de 15 pour produire du fil n° 30.

D'abord nous savons que du fil n° 30 est du fil tel qu'une échevette

pèse $\frac{453}{30}$ grammes (pour 1 échevette de 300 yards)

1 yard pèse donc :

$$\frac{453}{30 \times 300}.$$

Conséquemment le yard de mèche qui doit encore être étiré de 15 pèse un poids :

$$P = \frac{453 \times 15}{30 \times 300}$$

Et si n représente le n° et E, l'étirage, on pourra écrire :

$$P = \frac{453 \times E}{300 \times n} (1).$$

Ce résultat tout mathématique n'est rigoureusement vrai qu'en théorie ; dans la pratique, on obtient presque toujours une mèche différant légèrement du poids précédent. Il en résulte qu'avant de la porter au métier, il faut la vérifier.

Pour cela, il suffit de prendre sur différentes bobines des longueurs égales, de 1 ou plusieurs yards, et déterminer le poids de la longueur totale des rubans ainsi prélevés ; appelons Q le poids total, et R, son poids, le poids du yard sera :

$$\frac{Q}{R} = \frac{453 \times E}{300 \times n}$$

D'où l'on tire : $Q \times 300 \times n = 453 \times E \times R$.

D'où : Laminage du métier à filer en fonction du poids de la mèche du banc, et du n° du fil,

c'est-à-dire : $$E = \frac{Q}{R} \times \frac{300 \times n}{453} (2).$$

Application.

On a prélevé sur différentes bobines des longueurs égales à plusieurs yards ; la longueur totale obtenue est de 150 yards, pesant 108 gr. 72. Quel étirage faut-il donner au métier pour faire du fil n° 30 ?

Ce sera, en appliquant la formule (2) :

$$\text{Etirage E} = \frac{108,72}{150} \times \frac{300 \times 30}{453} = 15.$$

Observations spéciales aux bancs-à-broches.

Les observations relatives aux bancs d'étirage s'appliquent également aux bancs-à-broches, mais en outre les broches, ailettes et bobines qui déterminent la torsion et le renvidage des mèches, doivent être observées avec soin.

Il est essentiel que les broches tournent d'une manière bien régulière sans éprouver aucune vibration à leur partie supérieure que chargent les ailettes. — De pareilles vibrations auraient pour effet de déterminer des irrégularités et même des ruptures de mèches. Elles pourraient résulter d'une trop grande vitesse donnée à des broches trop faibles, ou bien d'ailettes mal équilibrées, dont une branche serait plus lourde que l'autre, ou encore de collets ou crapaudines usés, qui ne maintiendraient plus bien les broches. L'effet des deux premières causes se manifesterait dès la mise en marche de la machine, mais l'usure des collets se produisant au cours du travail, il en sera de même des effets qu'elle occasionne.

Les surveillants devront avoir soin qu'ils soient remplacés en temps utile, et veiller à ce que le graissage s'en fasse bien régulièrement, dans des conditions suffisantes, mais sans exagération.

Nous avons vu que le degré de torsion est réglé par le pignon de torsion. Il sera utile de calculer le nombre constant qui s'y rapporte et qui se trouvera modifié si l'on diminue le cylindre étireur pour le cylindrer.

Il faut toujours se rappeler que si la torsion est nécessaire, elle est aussi nuisible en ce qu'elle rend plus difficile l'étirage que produit le métier à filer. Il faut donc la limiter à la valeur strictement nécessaire pour que les mèches puissent bien s'enrouler sur les bobines ou s'en dérouler, sans éprouver des ruptures ou des allongements accidentels.

Lorsqu'un banc-à-broches est mis en route pour la première fois, ou lorsqu'il a subi des réparations, particulièrement lorsqu'on en a cylindré l'étireur ou si l'on en modifie la garniture des bobines ; il faut vérifier si l'enroulement des mèches se fait bien pendant toute la durée de la formation de la première couche.

Si ces mèches perdaient peu à peu leur tension et devenaient flottantes, il faudrait voir tout d'abord s'il ne se produit pas de glissements dans l'appareil qui produit la vitesse variable (courroie des cônes ou corde de la poulie extensible ou friction). Si la cause ne résidait pas là, il faudrait modifier un peu la position initiale de la courroie ou de la poulie extensible, ou encore changer l'une des roues de manière à augmenter la vitesse de la roue différentielle. Il y aurait à faire le contraire si les mèches se tendaient trop fortement.

Observer en même temps si les tours de mèches qui s'enroulent sur la bobine se placent bien les uns à côté des autres. S'ils arrivaient à chevaucher les uns sur les autres, c'est que le chariot se déplacerait trop lentement : il faudrait augmenter le nombre des dents du pignon de marche, ou le diminuer au contraire si les tours s'espaçaient trop par suite d'une marche trop rapide du chariot.

Si les bobines, en se remplissant, devenaient trop molles et les mèches lâches et flottantes entre les étireurs et les ailettes, cela indiquerait que l'appareil qui détermine les variations de vitesse fonctionne trop rapidement : il y aurait lieu de remplacer le rochet en augmentant son nombre de dents. Il faudrait le diminuer au contraire si les bobines devenaient trop dures et les mèches trop tendues,

L'on devra en outre veiller au bon entretien et à la propreté de toutes les parties de la machine, et faire procéder à des nettoyages réguliers et périodiques.

TABLE DES MATIÈRES

LAVAL. — IMPRIMERIE L. BARNÉOUD ET Cie

www.ingramcontent.com/pod-product-compliance
Ingram Content Group UK Ltd.
Pitfield, Milton Keynes, MK11 3LW, UK
UKHW021100260726
13994UKWH00002B/616